感受力不是品味，也不是才能，
可以透過習慣來培養。

在這個資訊滿溢的時代，
不隨波逐流並非易事。
跟隨時尚購買服裝和飾品，
參考口碑來決定要看的電影、要讀的書、要逛的店，
收看大家都在看的電視節目或影片……
在別人的建議下展開自己的興趣與嗜好。
對流行敏感，絕非壞事。

但是，

身上穿著適合自己的衣服，

被充滿自我風格的室內裝潢和擺飾包圍著，

擁有不為人知的、專屬自己的愛好，

保有自己熱中的興趣，

在你的周圍，是否存在如此具有魅力的人呢？

當面對那些能活出自我風格的人，

在你內心深處是否也懷抱著一絲憧憬呢？

適合自己的事物，
屬於自己獨一無二的價值，
對自己的感覺，
能讓自己喜歡上的事物……
這些，全都沒有正確答案。
能夠感受到這些無形的價值，
並且有能力選擇沒有正確答案的事物，就是感受力。

但我想，許多人在聽到「感受力」時，
都會立刻這麼認為：
「我沒有那種品味。」
應該有很多人會這麼想，
覺得感受力是一種與生俱來的能力與才華，
自己是不具備的。

不過，

感受力並不是只有特別的人才可以擁有的能力。

它可以透過觀察、整理、轉換觀點、保持好奇心、下決定，

這五種習慣，逐漸培養而成。

只要對日常生活做出一些小改變

就可以培養感受力，

並且掌握為了活出自我風格所應具備的標準。

接下來就由我來介紹培養感受力的方法。

感性のある人が習慣にしていること

培養感受力

打造自我風格的日常練習

SHOWKO 著
陳綠文 譯

目錄

第1章

培養感受力之觀察的習慣

第2章

培養感受力之整理的習慣

第3章 培養感受力之轉換觀點的習慣

第4章

培養感受力之保持好奇心的習慣

第5章

培養感受力之下決定的習慣

結語

前言

擁有感受力的人，就是能理出答案的人

穿戴適合自己的服裝及飾品。

到訪某地時，用充滿好品味的伴手禮抓住人心。

會關心他人的狀況、具有敏銳的直覺，掌握工作的速度也十分迅速。

甚至能察覺細節上的不協調感，並發想嶄新的點子。

能建立良好的人際關係，也可以在工作上取得良好的成績。

在我的周遭，許多人都成為這樣的榜樣。

例如，一位與我有二十年交情的朋友，非常了解自己適合什麼樣的服裝打扮，無論活到幾歲，她的形象都沒有什麼改變，始終維持著青春的樣貌。

到她家拜訪時，會發現室內裝潢的風格，彷彿是她自身散發的氣息，被原封不動地轉換成具體的形態，並將她包圍一般，令人感嘆屋內擺設的美妙之處。

還有一位朋友，即使只與人交談片刻，也能理解對方的性格和氣質。

而且他不會隨意評價或批判他人，能展現自己對他人的理解，是一個待人和善，與任何人都可以融洽相處的人。從他與人相處的方式中，我總是能感受到他的品格。

在他的周圍，也充滿許多總是會幫助他的夥伴。

此外，還有一位朋友，則是能迅速做決定的極簡主義者。

他能夠立刻判斷自己所需的事物，並將那些想法付諸實行，像這樣的生活方式，可說是既簡單又美好。

非常了解自己，可以根據自己的價值觀做出選擇。

能夠展現自己對他人細膩情感的理解，並主動與他人建立關係。

有辦法判斷自己需要與不需要的事物是什麼，並果斷地做出決定。

我認為，**能以自己的力量，對這些「沒有正確答案」的事物做出回應的人，正是擁有感受力的人**。

所謂感受力，並非只是「品味好」這樣表面的層次，而是和那個人本身的生活方式有關。

提高感受力的方法，不是才能而是培養習慣

那麼，為了提高感受力，應該怎麼做才好呢？

「感受力是只有出身良好的人才有辦法培養的能力。」

「因為這是與生俱來的能力，無法靠後天培養。」

「這是只有年輕人才具備的能力，等到上了年紀才想培養就為時已晚了。」

「工作和養兒育女實在太過忙碌，哪有時間提升自我。」

「不知道該從哪裡做起才好。」

「首先，我根本就沒有自信。」

這些話好像把世界上所有的消極因素都聚集在一起。不過，他們全都搞錯了。

之所以這麼說，是因為**提升感受力並不需要特別的環境**。

感受力可以根據日常生活中的習慣來提升。

會這麼說，是因為我發現自己由於改變習慣而漸漸提升了感受力。

我出生在京都，家族是延續了三百三十年的陶藝之家。

我的老家設有工作室，主要製作抹茶茶碗或水罐等茶具類為主的陶藝作品。

現在，我也以陶瓷器作為創作的素材，並從二〇一一年開始，在歐洲的米蘭和巴黎，以及中國和台灣等地舉辦展覽。

不過，我並非天生就具備感受力。

我是在二十歲之後才立志成為藝術家的。

我的老家曾有一段時期只有女性子嗣出生，我的祖父和父親是以上門女婿的身分，入贅進來當陶藝家並繼承家業的。也就是說，無論祖父或父親，都不是從小就接受陶藝家養成教育而長大成人的。

我也一樣，由於不需要繼承家業等原因，我並未進入藝術相關領域的大學就讀，而且直到自己選擇陶藝這條路為止，也沒有接受過專業的藝術教育。

如今，我身為製作器皿的藝術家，從事需要具備感受力的工作。

我的創作跨足不同領域，除了食器以外，還製作、監修以陶瓷器為素材的概念作品，有時也會設計飯店大廳的裝飾和辦公室的壁紙等等。

所謂創作，正是**身處在沒有正確解答的世界裡，必須時刻依靠自己的感受力，追求只屬於自己的正確解答**。

我感覺到，我的感受力源於自己過去至今所擁有的習慣培養而成。

舉例來說，我經常在器皿上繪製植物圖案。

會注意到植物生長的模樣，以及葉脈的優美之處，是因為我的視力不好，從小就養成近距離察看事物的習慣。

各位是否知道，陶瓷器的柔軟度會根據燒製過程的溫度而產生不同的變化？

之所以能感覺到這種細微的柔軟度差異，也是因為我擁有從樂燒[1]到瓷器等，將各種溫度下燒製的器皿拿在手上的習慣。

藉由這些習慣，我獲得了許多知識與經驗，並在日積月累當中，形成自己的感受力。直到現在，我也會在每天的生活習慣中下工夫，藉此提升日常生活中的感受力。

誠如上述所說，**感受力並非與生俱來的特質，而是透過從今天起便能執行的習慣，不花費金錢就能逐漸培養而成**。

引導讀者掌握培養感受力的習慣，並發揮自身的潛力，正是本書的主旨。

所謂感受力，就去是感覺、吸收、積累

那麼，具體而言，感受力究竟是指什麼？

在日常生活中，我們可能會聽到別人說：「那個人很感性。」不過，這到底是什麼意思呢？

在《大辭泉》[2]查詢「感性」的意思時，可以看到以下解釋：

①深刻感受事物的能力。感受力。例句：「○○很敏銳」、「豐富的○○」。

1 譯註：日本十六世紀的茶道器皿，源自京都樂家的一種手捏軟陶。

2 譯註：日本的小學館出版社發行的國語辭典。

②接受來自外界刺激的感覺能力。

……等等。

總歸來說，**感受力就是感受外界刺激的能力及相應的情緒**。

以印象派畫家保羅・塞尚（Paul Cézanne）的作品為例。

現在假設我們在美術館看到他的代表作《蘋果和柳橙的靜物》（*Apples and Oranges*）。

如果只是不假思索地單純注視著這幅畫作，就只會以「這是蘋果跟柳橙的畫」的印象來理解這幅作品。

但如果仔細觀察的話，就會發現它的透視法不太尋常，盤子看起來也有些歪曲。

當然，這是為了達到這種效果而特意如此繪製的手法。

畫作中混合著幾個不同視角的描繪，據說這樣的手法，是為了讓鑑賞者把目光投向作品中央的蘋果。

當時，這樣的效果具有劃時代的意義，在那之後，也對由畢卡索（Pablo Picasso）及布拉克（Georges Braque）開創的「立體主義」產生了影響。

在接收到上述這類觀看畫作的外部刺激後，人會得到什麼樣的感受呢？

除了單純想著「啊，這是蘋果」的人，應該也有人領悟到畫家的意圖，並深深受其感動吧。

要做到這一點，你必須具備對細節深入觀察的視角，以及能夠承受刺激的心靈，對作品抱持興趣和具備知識，否則就無法從中得到深刻的覺察。

換句話說，**所謂擁有感受力，就是高度具備能深切感受到來自外界的刺激，並將其吸收、累積，以自己的價值觀進行判斷的能力。**

當你擁有感受力，就能察覺他人的感受

培養感受力，不只能為苦惱於沒有自己的核心價值的人，以及從事企劃或設計等創意工作的人帶來幫助，當然也能為從事業務工作的人帶來幫助，甚至將範圍擴大到對每天的日常生活感到困惑的人來說，都是有所幫助的。

具體而言，由於提高了感受力，便能開始理解人的心意。

那麼，能夠理解他人的心意，又是什麼意思呢？

意思就是，**你能夠理解他人在當下是如何關心你的**。

請你試著想像，在炎熱的盛夏，被朋友邀請到家中作客的畫面。

友人家中的玄關裝飾著花卉，花瓣上布滿細密的水滴，顯得十分鮮豔美麗。

花瓣上的水滴是自然結露的嗎？

不，並不是。花瓣上會有水滴，是因為哪怕只有一點點也好，這家的主人也要用美麗的花朵迎接你的到來，所以才會事先準備好花飾，並在你抵達的不久之前，為花瓣噴水保鮮。

接著，你一進入客廳後，點心就送上來了。

點心是外型如浪峰一般美麗的寒天。想必在夏季炎熱的天氣中，也能令人感受到一些涼意。

那應該是主人為了今天到訪的客人，特地準備的點心。

擦手巾也不是常溫的毛巾，而是冰鎮過的，應該會讓你感到更加舒適。

只要代入主人的心情，站在主人的立場解讀他的心思，就能深刻感受到主人的心意，體會到他為了招待自己付出多少心力。

如果能察覺到這份心思，並向對方表達自己的感謝之情，對方應該也會高興地這麼想：「雖然沒有說出來，但我對客人的這份心意確實傳遞出去了呢！」

最重要的，就是這份對東道主的「感謝之情」。

更何況，如果能感覺到「對方為了我做到這樣的程度」，自己也會感到非常高興吧。

上述的道理也能活用在工作上。

例如，當業務員到客戶家中拜訪的時候。

此時，如果業務員能仔細觀察室內裝潢，從中察覺到客戶的愛好，以及在設計上所下的工夫，並針對這些布置展開話題，或者稱讚對方的話，就能與客戶產生更深入的相互理解。

或許這並不是透過銷售術等技巧，而是單純站在身為「人」的立場，去和對方進行交流，並藉此滿足顧客的需求也說不定呢。

如果能觀察狀況，並擁有能夠想像對方心情的感受力，就有辦法注意到那些細微的關懷之心，甚至也能察覺到其中蘊含的意圖。

如此一來，應該也能逐漸與人建立良好的人際關係，並獲得他人的信賴。

擁有感受力的人具備的五種習慣

那麼，究竟該怎麼做，才能培養感受力呢？

我觀察身邊擁有感受力的人之後，發現他們都十分重視以下五種習慣。

這五種習慣，就是觀察的習慣、整理的習慣、轉換觀點的習慣、保持好奇心的習慣、下決定的習慣。

因此，本書會根據這五項要點，來跟大家介紹這幾種習慣。

雖然感受力是一種難以捉摸的概念，往往會在不知不覺中就變成抽象或難以理解的理論，但接下來我會盡量以具體而簡單的方式，向大家介紹能夠立即開始實踐的習慣。

首先，觀察的習慣是指把目光投向日常中的細節，甚至注意到以往沒注意過的事情的習慣。養成這個習慣，便能提升看世界的「解析度」，察覺到其中隱藏的意圖，或者感覺到不尋常之處。

其次，整理的習慣是指整理日常生活及調整心靈的習慣。養成這個習慣，便能以冷靜、不偏頗的頭腦，來捕捉那些透過觀察所獲得的資訊、線索。

再來，轉換觀點的習慣是指從不同於以往的層面來掌握事態、解釋事物的習慣。養成這個習慣，便不會被常識所束縛，對事物展開本質上的發想。

接著，保持好奇心的習慣是指對之前不關心的事物抱持興趣的習慣。養成這個習慣，便能擴大自己的興趣範圍，並站在獲取新知與教育機會的入口。

最後，下決定的習慣是指在日常瑣事上也保有自發性的選擇意識的習慣。養成這個習慣，便能建立自己的判斷基準，不只下決定的速度會變快，還會開始對自己下的決定產生自信心。

藉由實踐這五種習慣，便能逐漸培養出自己的感受力。

感受力能造就自己的標準

透過磨練感受力，可以帶來有自信的生活方式。

例如，進入憧憬的公司、從事自己想做的行業。

每個人剛進公司的時候，都會全神貫注地努力學習各種專業知識。

保持坦率的性格，受到前輩的疼愛，接觸各式各樣的事物，閱讀許多專業書籍，取得資格證照，一絲不苟地朝著前方邁進。

然而經過幾年，卻不知為何陷入了萎靡狀態。

無論是自身的知識還是技能，都開始變得無所適從。

不知道究竟還要多做些什麼，才有辦法突破自己的障礙。

說到底，也不知道如果繼續從事現在這份工作，對自己來說是否有利。

於是，免不了就會被他人的建議和社會的趨勢所左右：

「因為前輩跟我說『要不要試著再努力一下？』，所以我就想再堅持看看。」

「既然朋友全都跳槽了，那我是不是也差不多該轉換跑道了……」

人生是透過反覆進行各式各樣的選擇所造就。

從就業、轉職、搬家、結婚等大事開始，到吃什麼、和誰打交道、談論哪些話題等小事為止。

我們每天都在為各種選擇而苦惱，絞盡腦汁地思考著對自己來說什麼才是正確的答案。

接著，在經過左思右想後，有時卻會用社會或他人口中的「大眾標準」來做決定。

但是，大家其實應該都**十分嚮往擁有自我標準的生活方式**。

擁有感受力的人，知道什麼是適合自己的。

擁有感受力的人，可以不斷創造出新的點子。

擁有感受力的人，能理解自己的心情，也能理解別人的心情。

而且，他們也不會被周圍人的意見所迷惑，能夠走上自己想走的人生道路。

也就是說，他們擁有自己的標準。

如果能培養本書所介紹的習慣，無論是看待世界的角度、能吸收掌握的新知，還是從中衍生的思考，以及下判斷的方式等等，應該都會有所改變。

在這段過程中，你的內心會產生自己的判斷標準。也就是說，你能培養出自己的感受力。

人生中並不存在什麼百分之百正確的道路。

為了沒有迷惘、沒有悔恨地活著，只能開始以自己的標準做決定。

最終，這也會成為決定自己人生方向的強大力量。這是因為，**感受力能改善自己在日常生活中對事物的理解方式，成為讓自己的人生過得更多采多姿的指標**。

感受力會透過每天累積經驗磨練而成

所謂自己的標準，並不是靠著火速追求趨勢、閱讀暢銷書、觀看網紅的影片就有辦法培養而成。

之所以這麼說，是因為它只能藉由自己去嘗試看看來培養而成。

誠如先前所述，感受力並非天生就具備的資質，而是藉由每天的習慣所培養而成。

我現在之所以能像這樣從事發揮感受力的工作，也是因為我從至今為止的經驗和習慣中，一點一滴地培養了自己的感受力，而且一直把它視為珍寶。

試著把能培養感受力的習慣引進日常生活吧。

當過往一直被封閉的感受力，越來越常發揮作用的時候，它的精密度就會跟著逐漸提升。

透過每一天的經驗累積，感受力也會不斷被琢磨、鍾鍊成形。

接下來，就讓我們踏上探索自己內心深處所擁有的感受力的旅程。

序章

培養感受力的五種習慣

在本書的開頭，曾說過感受力是透過五種習慣培養而成的。

在進入正文之前，我想先對這五種習慣進行更詳細的解說。

觀察的習慣：察覺細微的差異

培養感受力的第一種習慣，是無論多麼細微的變化，或是感覺不太對勁的地方，都會注意到的「觀察的習慣」。

請試著每一天都有意識地生活，關注並發覺之前不曾投注過目光的事物，用「高解析度」來捕捉日常的一切。

能仔細觀察周遭事物，就會一口氣增加接觸到的資訊量。

據說，江戶時代中期，京都頗有人氣的畫家伊藤若冲，在精細地繪製「動植綵繪」（動植物花鳥畫）的時候，也是一整天持續觀察自家飼養的雞。

正因為仔細觀察現實生活中的雞，才能真實地描繪出每一根羽毛，甚至尾巴末端的躍動感吧。

如果在日常生活中，能將精神集中在味覺、嗅覺、視覺、聽覺、觸覺上，並在此狀態下眺望窗外景色的話，也能發現許多新事物。

「隱約能看見樹枝在晃動，是不是吹來一陣微風了呢？」

「河水流動的聲音比平常還要大，是不是昨晚下雨了呢？」

……就像這樣。

這可以說是在自我審美意識的尺度上，畫下一條條精細的刻度。透過培養有意識地感受日常生活大小事的習慣，無論是細微的變化，或是覺得不太對勁的地方，察覺到事物魅力的感受性都能提升。

這，就是培養感受力的第一步。

整理的習慣：知道自己對某件事感到迷惑

培養感受力的第二種習慣，是整頓活動空間和調整心靈的「整理的習慣」。

待在物品過多的場所中，會使心靈變得雜亂無章，無法保持清晰的思緒，也無法純粹清晰地思考。

如此一來，心思便會輕率地忽略日常的細微之處，使心緒也不禁變得混亂。

即使為了每天能愉悅地生活，也請設法保持沒有雜念的心吧。

這麼說，並非勉強大家要積極正向地過生活。

只要活著，就會遇上好日子和壞日子。

有時候，也會遇到無法一直保持好心情的狀況。

在這種時候，**請試著閉上雙眼，觀察自己內心當下的狀態**。

上司和客戶、交往中的情人、家人、朋友、感到高興的事情、令人生氣的事情……你應該會發現各種情感就像漩渦般，不斷在打轉。

重要的是，要對自己內心的消極情緒有所察覺，認知到「我其實很傷心啊」、「我現在正感到迷惘啊」，並暫且接受這個事實。

接受之後，如果感覺稍微平靜一點的話，可以試著出門散散步；如果感到焦躁的話，可以試著去登山，直到心情平靜下來為止。就像這樣，把情緒放在一旁，調整自己的心態。

身為儒家創始人的孔子，在《論語》中說過「四十而不惑」。

然而，**人類是一種無論到什麼年紀都會感到迷惘、始終伴隨著困惑而活的生物**。

有自覺地接受自己的消極情緒，並懂得如何以自己的方式調整身心狀態，才算是「不惑」嗎？

我是這麼理解的，**不惑所指的意思，並非不感到迷惑，而是知道自己對某件事感到迷惑**。

減少日常生活的用品、收拾那些沒經過整頓且雜亂無章的地方、調整自己鬱悶不安的心境……請試著培養一下這幾種習慣吧。

如果能用清晰不模糊的視線捕捉事物，就有辦法開始做出切中核心的選擇。

轉換觀點的習慣：從多重角度看待事物

第三種習慣，是「轉換觀點的習慣」。

試著用新的視角理解事物吧。例如用對方的視角、第三者的視角，或者像飛翔在天空中的鳥一樣，由上往下俯瞰並捕捉整體的面貌吧。

世界上所有的事情都是具有多重面向的。

無論是孩子之間的爭吵，還是國家之間的戰爭，從相反立場來看的話，就會大大改變你看待事情的方式。

如果僅從固定視角來看事情，那麼即使自認為是遵循著自己的感受力來思考事物，實際上也可能會被直覺、臆想，或是表面上的資訊所左右。

「因為是女性，所以應該是個感情用事的人吧。」

「因為是藝術家，所以想法應該不合乎邏輯吧。」

「因為年紀輕，所以經驗應該不夠充足吧。」

就像這樣，我們雖然會用主觀來看事情，但這種主觀必定會因為過往人生中所產生的「認知偏差」和「偏見」等因素而受到影響。

為了不被這些想法束縛，並正確地掌握事態，我們必須培養從各種角度來觀察事物的習慣。

讓我們養成有意識地轉換觀點的習慣，以便從多方面來掌握事物吧。

我特別想推薦的方法，是**從距離事態稍微遠一點的地方，以「俯瞰」的視角來進行觀察**。

這在現今的商務場合中，也被視為一種必要的技能。

除此之外，還有站在對方的立場、站在第三者的立場，以及從反向的立場來看待事物等各種不同的觀點。

如果能有意識地轉換看事情的方式，就能以多樣的觀點來解釋事物，培養不拘泥於世人約定俗成的看法，或受限於自我臆想的感受力。

保持好奇心的習慣：了解新事物

第四種習慣，是「保持好奇心的習慣」。

擁有感受力的人，會對工作以外的事物抱持興趣。

舉例來說，我會開始接觸陶藝，是因為朋友的父親為我開創了這個契機，這位朋友的父親，除了產品設計師的工作之外，也把攝影當作自己的嗜好。

他經常到菲律賓的宿霧島拍攝潛水的照片，擁有的相機鏡頭數量多達一百個以上，就連職業攝影師都自嘆不如。

另外，我的護理師朋友，在生產後為孩子買了「森林家族」（Sylvaian Families）的玩偶，從此她就成了收藏家，現在不只擁有數百隻玩偶，連玩偶的房間裝飾和衣服都是由她自己親手製作的。

所謂感受力，是會受到與自己不同的環境所影響，而被磨練得更加具有多樣性的能力。

站到那個新世界入口的契機，就是對事物保持好奇心。

保持好奇心的對象，不一定是能活用在工作上的事物，例如文化、嗜好、娛樂等，不會為任何人帶來幫助的事情，也都沒有關係。

不如說，一旦想到「要對工作有所幫助」，視野就會變得狹隘，無法投入熱忱繼續做下去。

重要的是，能積極主動地堅持下去。

換言之，是能夠自願、積極地繼續進行。

例如蒐集郵票、持續拍攝天空的照片、閱讀蕈類或黏菌的圖鑑並記住它們的名稱、思考能表達情感的句子、用言語來表達酒的味道……。

這些是我至今為止曾埋首其中的興趣。

說實在的，不去嘗試，就不知道自己會熱中在某件事情上。

正因為如此，對各種事物保有好奇心的習慣才會如此重要。

當找到能令自己感到雀躍的事物後，想必也會從那裡開始，漸漸地擴展自己的好奇心。

說不定，這份動力不只能維持短短幾年，還能持續至數十年之久。

而且，不光是事物，它還可以讓你意識到土地與人，以及深刻去熱愛，所代表的意義究竟是什麼。

即使只是簡單的事情也好，一旦埋頭於某件事之中，就能拓展意想不到的世界。而且也會成為你培養感受力的契機之一。

下決定的習慣：相信自己感覺

最後，第五種習慣是「下決定的習慣」。

賽馬解說員和占卜師之間，其實存在一個共同點。

雖然這兩者是完全不同領域的職業，但你認為他們的共同點是什麼呢？

他們的共同點都是會「斷言」。

如果占卜師跟你說：「嗯……雖然可能會差不多在這個時間點分手，但也可能不是這樣。」你應該會覺得他說的話實在信不得吧。

「無論哪個都行，拜託你篤定一點！」你難道不會產生這樣的想法嗎？

就像占卜師一樣，在「沒有正確答案」的世界中有活躍表現的人，也擁有靠自己做決定，並相信那個決定的能力。

舉例來說，服裝品牌「ANREALAGE」的設計師森永邦彥先生，會利用科技和新技術，不斷創作出世界上獨一無二的嶄新作品。

之所以能創作出不受流行趨勢所左右的作品，也是因為他心中有著靠自己培育而成的、強大的核心價值觀。

為了培育這個核心價值觀，**哪怕只是一件小事也好，請試著相信自己的感覺，以此做出選擇與判斷，並果斷地下決定**。

雖然如此，我們也能感覺到當今是個很難輕易做決定的時代。難以預測的未來，任何人都對失敗感到恐懼。當面對社群平台上眾聲喧嘩的無數選擇，還有社會上其他人的意見時，我們也可能會因此感到困擾，變得越來越無法接受新挑戰。

但是，如果繼續這樣下去的話，無論到什麼時候都無法培養自己心中的判斷基準。也就是說，這樣是無法養成自己的感受力的。

在森本薰的劇本《女人的一生》中，有這樣一句台詞：

「這不是由別人為自己選擇的道路，而是由自己選擇並走上的道路。如果得知這是錯誤的，就必須以自己的力量，使其不成為一個錯誤。」

重要的，並不是選擇正確的答案。

為了下決定，必須具備足夠的知識與經驗做後盾。但是，要藉此對未來的事情下決定，也是十分困難的一件事。

這是因為，正確答案並不會只有一個。

關鍵是要自己做決定，並且要讓你做的決定成為正確的答案。

決斷力就像肌肉一樣，你必須將做每一個小小的決定習慣化，一點一滴鍛鍊而成。

即使是在這個難以預測未來走向的世界中，以明確的意志做決定，也是能培養感受力的最終習慣。

「觀察」、「整理」、「轉換觀點」、「保持好奇心」，然後「下決定」。

以上，我已經介紹了擁有感受力的人所具備的五種習慣。

在正文的第一至第五章中，我會從「觀察」開始，依序具體說明這五種習慣。

無論你想從哪一章開始讀起，都沒有關係。

請從你認為容易實踐的，或者想要嘗試的部分開始讀下去。

第1章

培養感受力之觀察的習慣

擁有感受力的人，會非常仔細地觀察周遭的細節與變化。因此，即使和別人看的是同樣的事物，也會和別人注意到不一樣的地方，察覺自己的各種感覺和情緒。

這，就是觀察的十三種習慣。

試著用肌膚的感覺來測氣溫

智慧型手機已經成為日常生活中不可或缺的用品了。從蒐集資訊到工作上的聯絡、近況報告、健康管理，甚至是購物付款，都靠智慧型手機來處理。

應該也有很多人會把查看天氣預報等資訊當成日課，每天都在出門前確認當天的最高溫是多少。

雖然對於忙碌的早晨來說，這是一種合理的行動，但這難道不也是失去了運用自我感覺的機會嗎？

在第一章中，我會向各位介紹為了培養感受力而需具備的觀察的習慣。為此，首先就從「保有讓身體的感覺更敏銳的意識」，這個習慣開始說起吧。

人類感覺器官的功能非常出色，人透過保持意識，可以感知到所有的訊息。

舉例來說，請試著想像玻璃杯裡裝著冰冰涼涼的飲料，然後你現在正要飲用那杯飲料時的情景。

首先，你應該會感覺到從手掌傳來的冰涼感，還有從玻璃杯表面滑落的水滴附著在手上的感覺。

接著，當你把玻璃杯拿到嘴邊時，應該會從手掌到手臂感覺到玻璃杯的重量才對。在喝下這杯飲料的時候，你可能會透過嘴唇接觸來感覺到玻璃杯的厚薄，並以此判斷嘴唇夾住玻璃杯的力道。

當口中感覺到冰冷的同時，味覺也會開始產生作用，根據溫度的不同，從飲料通過喉嚨到達食道為止，冰涼的感覺可能也會一直持續下去。

即使在這樣沒有特別意圖的行動中，人也會感覺並接收到各式各樣的訊息。

我們平時可能會因為被其他事情吸引而分神，不太會感覺到什麼訊息。請偶爾也試著提高意識去感受一下吧。

比方說，你覺得這樣如何呢？試著在休假日的早晨將窗戶打開，感受微風吹拂在肌膚上有多麼舒服，並思考：「今天的氣溫大概幾度？溼度大概多少呢？」

不是猜想「差不多是二十五到二十八度」，而是試著具體推測「是二十六度吧？」。

在確認實際的氣溫，以及自己的預想是否正確後，請再次試著將這個溫度和肌膚的感覺連結成自己的記憶。

稍微習慣了之後，也請試著預測一下溼度。

持續一年左右之後，隨著自身經驗的累積，肌膚感覺和實際氣溫的關聯性也會逐漸形成記憶。

如此一來，便能開始以自己的感覺來判斷「如果氣溫差不多是這樣的話，那今天就把外套帶上」，或者「感覺溼度挺高的，今天就帶傘出門吧」。

首先要做的，就是把意識轉移至身體的感覺上。

這就是為了培養感受力而進行的暖身運動。

試著在視線朝向前方時，也看兩旁的風景

培養用眼睛獲得資訊時的感覺，也能夠提高感受力。

所有生物都會有各自的視野。所謂視野，指的是面向正前方時所能看到的範圍。

接下來要介紹的觀察的習慣，就是**有意識地去觀察那些雖然也在這個視野之中，平時卻沒有看到的部分**。

在動物之中，尤其是兔子、馬、羊等左右兩眼位在臉部側面的草食動物，牠們的視野特別開闊，幾乎能三百六十度看見周遭所有的一切。

這是食物鏈中「被捕食的一方」，即相當於「被食者」的草食動物為了保護自己而演化的結果。

那麼，人類又是如何呢？

與草食動物相比，人類雙眼的位置是在幾乎為平面的臉部前方，視野也較為狹窄。一般認為，人類視線能夠識別的範圍，大約在一百八十度至兩百度之間。

人類擁有發達的頭腦，即使視野沒有那麼寬闊，也有辦法避免危險。而且，也不會像生活在熱帶疏林莽原中的草食動物一樣，突然遭遇侵襲。

不僅如此，發明文字之後，為了閱讀前人留下來的智慧，也為了將智慧留存下來，或許對人類來說，雙眼位在臉部正前方恰好更方便。

就像現在，我正在用電腦打字來撰寫這篇文章一樣。如果我的眼睛位在臉部的側面，就會讓多餘的資訊進入我的視野之中。我也不禁開始想像，要是這樣的話，眼睛究竟會多累啊。

如果**充分運用這一百八十度的視野來觀察日常生活，就能改變對日常生活的看法**。

雖然說視野有一百八十度，但這裡指的是試圖去看，就能看到的範圍，並不代表可以把所有事物都看得清清楚楚。

比方說，當你什麼都沒多想地坐在公車的座位上時，也不會特別去注意鄰座的人。也許只會認知到對方是男性還是女性而已。人並不會刻意把注意力放在沒必要抱持興趣的事物上，也不想獲取那些自己不感興趣的事物的相關資訊。

每天視線看著前方生活的人類，會帶著意識去看的範圍，其實出乎意料地狹窄。

請試著充分運用一次自己的視野，在看向前方的同時也看看左右兩側吧。

目不轉睛地盯著其他人看或許不太禮貌，但在搭電車或公車的時候，請試著在面向前方的同時，也觀察一下身邊的人吧。

你旁邊的那個人，他正在笑嗎？

還是說，他看起來十分悠閒又淡定呢？

或者，他是否感到很著急呢？

例如，他正在包包中翻找物品，聽起來沙沙作響。一定是想把錢包拿出來吧？所以他打算在下一站下車嗎？請試著像這樣觀察對方，然後思考能從中得知的訊息。

我想，以往那些什麼都沒多想就坐上座位時所察覺不到的事情，一定會一個個映入眼簾。

我認為，**向前看能培養知識，而感知視線兩側的事物則能培養感受力**。

平常在工作或學習時，會將精神集中在眼前的資訊，並積極從中獲取知識的人也一樣。請偶爾試著把意識放在視野的角落，去注意那些平時沒看見的事物。

在持續這麼做的過程中，想必你能夠意識到的範圍也會隨之擴大，而且，也能逐漸養成「觀察的能力」。

那麼，你就會開始察覺到日常生活中的細微變化了。

試著每天在家中打赤腳走路

我的老家內部設有榻榻米房間和茶室，是傳統的「日本家屋」。現在應該也有很多人憧憬著日本家屋吧。但是，對當時年紀還小的我來說，完全不理解日本家屋究竟有哪些好處。

就算只是去洗個澡，也必須特地穿上鞋子才行。除了會從縫隙中吹進冷風，為了防盜還必須每天都關上遮雨窗（這是當中最麻煩的一件事……）。

冬天時都冷到像是要凍僵了一樣，讓人忍不住想大喊：「我會這麼怕冷，一定都是老家的錯！」一直到現在，我都還這麼相信著。

因為想盡快擺脫日本家屋帶來的不便，我在長大獨立後，第一次住的房型就是公寓。

但不可思議的是，在那之後我又開始懷念起鋪著榻榻米的木造建築。現在，我就住在一間屋齡一百多年的日本家屋裡。

我改變想法的原因是，隨著年紀增長，我也開始明白，如果生活在日本家屋中，便能體會到當中充滿了許多能使人類的感受力發揮作用的機制。

比方說，**打赤腳過生活，能提高我們的身體感覺**。

生活在日本家屋的和室中時，我會注意到腳掌與地面接觸時的觸感。這是因為，行走在榻榻米上是有規矩的。

從茶道的常規衍生出來的禮儀中，有一條是不能踩踏榻榻米的邊緣。

「邊緣」是指榻榻米邊緣被布包住的部分。在茶道中，無論是踩踏到這個邊緣，還是坐在這個邊緣上，都是被禁止的行為。

之所以如此，是因為人們認為榻榻米邊緣的界線，就像結界般的存在。

如同內與外、上座與下座、主人與客人一樣，這是一條區分相對事物的界線。不僅如此，它也是一道表示禮儀的界線。

因此，在特別注重禮節的日本，不事先打招呼就擅自跨越那條界線，便是無視禮儀的表現。也就是說，會被視為無禮的行為。

我們在神社參拜的時候，也會在門前先行禮吧。那是因為，神社入口的門檻，也被視為一條區分外部與內部的結界。

所以，在進入結界之前，會帶著「不好意思打擾了」的意念，先行禮再進去。

通過家中的門檻時也是一樣。由於擅自跨越那條界線被視為一種違反禮節的行為，所以要通過那裡之前，一定要先打個招呼才行。

不僅如此，在我學習的茶道流派中，我還學到「一張榻榻米走六步、半張榻榻米走三步」的規矩。

因為這是穿著和服小步行走時，能剛剛好不踩到界線和邊緣的步伐。

明明是在家中行走，卻規定了步數什麼的，用現代人的眼光來看，應該會覺得是件無法想像的事情。

但我想，這個規矩也經常為日常生活帶來一定的緊張感。

就像這樣，日本家屋與和室的規矩，會自然而然地提升我們的身體對環境的敏感度。

但在近年來，日本不設和室的房屋也越來越多了。脫離榻榻米的生活風氣，正在逐漸增長。

當然，木地板不只比較好整修，也很適合現代日本人的生活形式。但如果生活在一個保有便利與舒適的環境中，便很容易封閉身體的感覺。

因此，即使是生活在現代，各位不妨也考慮一下盡量打赤腳過生活，試著有意識地感受一下周遭的環境吧。

無論是移動時將注意力放在腳底的感覺，還是專注地感受到每一個身體動作，都是即使不待在和室中，也有辦法做到的事情。

各位生活在鋪有木地板的室內時，是否會穿著拖鞋行走呢？

雖然這樣也可以便於在冬天防寒，但務必試一次光腳走路看看。

然後，一步一步用整個腳掌感受地面。

當你以腳掌的觸覺感受到地板的溫度和表面的硬度時，你應該能藉由這些觸覺感受到些許細微的變化，並辨別出舒適與不舒適的感覺才對。

接著，如果感覺到地面沙沙的、不太舒服的話，就用抹布擦拭乾淨吧。

腳底是很了不起的感覺器官。請試著磨練這種感覺，敏銳地感知環境的變化。如此一來，觀察環境的能力一定也會變得越來越好。

試著保有同時處理幾件事情的意識

雖然剛才提到要打赤腳走路，注意腳底的感覺，但這裡談的，也是要把意識轉向動作的習慣。

有些人只是單純過生活就能把房子弄得越來越亂，但也有人並非如此。

造成這種差異的原因，就隱藏在平時的行動模式當中。

不會把房子弄亂的人，是因為他們會在每一次的行動中同時處理幾件事。

請試著把意識轉向日常生活中的動作上。

比方說，廚師在每次做完料理後，幾乎都不會在水槽中留下需要清洗的東西。

這是因為他不僅會專注在做一道料理上，還會根據客人用餐的速度，把包括收拾餐具在內的所有流程都安排好，並在每一次的行動當中同時處理幾件事。

透過養成一次行動中同時處理幾件事的習慣，能夠提升觀察周圍的意識。
這不限於料理，也能應用在日常生活中。
清洗餐具時，順便把水龍頭也擦拭乾淨。
洗手時，順便也更換一下毛巾。
到一樓拿東西時，順便帶上要從二樓拿下去的東西。
雖然這樣寫下來，感覺不是什麼特別的事，但實際上，要在每一次的行動中都注意到這些動作，也並非那麼容易的事。

其實，在茶道的點茶中，便存在許多類似的動作。
例如，要用和第一杯相同的茶碗來進行第二杯的點茶時，會用手掌包住盛有熱水的茶碗，緩緩地轉動，同時進行清洗和溫杯。
另外，在許多人參與的茶會上幫忙端茶時，也會被提醒盡量不要空手而歸。
端茶到茶室的同時，也要確認是否有其他東西需要撤到水屋[1]去。總而言之，就是一定要帶點什麼回去才行。
對於在餐廳做過外場工作的人來說，這應該是能想像得到的動作吧。

雖然乍看之下，好像每一個點茶的動作都進行得不疾不徐，但在實際上，那是**極致效率化、經過千錘百鍊的動作**。

如果懂得這一點，那麼無論是在辦公室、家中，或是在廚房中做飯時，便能自然而然地將意識轉向周遭的一切。

假如你平常不怎麼做飯，但偶爾做點料理後，看見水槽裡面堆積了大量的碗盤和廚房用具，便開始感到厭煩的話……

像這樣的人，請務必試著保持這種同時處理幾件事情的意識。

在一邊觀察的同時，也一邊展開行動、做自己能做的事情。如果腦中建立了這樣的程序，那麼即使是平時沒有察覺到的事情，也能開始將意識轉向其中。

1 譯註：茶道的準備室。

試著感受看不見的事物

「觀察一下看不見的事物吧！」這句話聽起來可能有點像在講述「精神至上主義」之類的事情，但事實上並非如此。

這句話的意思是，用視覺以外的感官去觀察事物。

「觀察」這個詞，是由「觀＝看」，和「察＝知」所組成的。

一般認為，所有五感相加起來，從視覺獲得的資訊占了整體的八成。在並非完美的狀況下，如果要完全依賴它的話，也可能會在不知不覺中忽略了其他感官的感受。

因此，請不要只依賴視覺，試著培養觀察看不見的事物的習慣。

在我的老家，當有人感到身體不適時，比起西方醫學，更常以東方醫學的方式來治療。

我小時候感冒時，一直都是服用漢藥。

雖然人們常說漢藥很苦，但我在喝漢藥時也能感覺到植物的甘味，對我來說並沒有那麼難以入口。

不是對症治療，而是試圖配合我的體質逐漸改善身體，透過這樣的觀點，不僅是疼痛和不適，還讓我有機會意識到整個身體的感覺。

另外，有位熟識的針灸師也會來我們家出診，我們會定期接受他的針灸治療。祖父母、父母、嬸嬸，以及當時還是兒童的我們幾個兄弟姊妹，都會由這位醫生檢查身體。

雖然這位醫生是視覺障礙者，但他除了視覺以外的感覺，全都非常敏銳。

說不定，正是因為無法使用視覺，所以才會養成這種用其他感官來觀察的習慣。

有一天，醫生一走進玄關就這麼說：「哎呀，今天的花瓶插著百合花呢！」還有一天，他只靠著走廊的腳步聲，就猜中是我哪位家人正在走路。

而且，在我忍受著推拿的疼痛、假裝鎮定的時候，也會被他發現：「啊，是不是有點痛呢？」

從小就開始接受身體檢查，並透過針灸來調整身體狀態的我，已經逐漸了解自己的肌肉和穴位了。

於是某天我向醫生詢問如何熟練推拿的方法。

醫生告訴我：「你可以試著用像是從手指發出光線一樣的方式來推拿哦。」

手指？光線？

雖然剛聽到這句話時，我感到有些驚訝，但在推拿的時候，的確不像是皮膚表面被按壓的感覺，而是好像有某種電力訊號強烈刺激地傳達到身體的深處一樣，所以自然就領會了這個說法。

以嗅覺去觀察百合花香、以聽覺去觀察腳步聲、以觸覺去觀察肌肉的僵硬之處。

正可謂，這位醫生運用了視覺以外的所有感官來觀察事物。

除了視覺以外，也會對其他感覺保持著意識。也就是說，不過度依賴視覺，而是用所有的感覺來體會這個世界。

試著學習同義詞

培養對觀察到的知覺進行形容的語彙能力，與使用五感來提升感覺同樣重要。

「KAWAII」[1]這句日語開始在海外受歡迎，也已經是十多年前的事了。現在，它也是一個代表日本流行文化的詞彙，在全世界被廣為使用。

「可愛い」是指討人喜愛、惹人憐愛、使人被吸引，意思接近英文的「cute」。但是在海外，它被用來表示甚至用cute也沒辦法形容的可愛。

隨著場所和時代的變遷，言語的意思也會跟著改變。

在日本，每年也會誕生不少「新語」。

這些新的語彙可能會在生活中扎根，成為人們長年使用的詞語，也可能會在數年後

1 譯註：日文為「可愛い」，也就是中文的「可愛」。

消失，成為某個時代的流行語。雖然情況各有不同，但我們始終會產出新的詞語，並在生活中去使用它、共享它的含意。

而且，**透過掌握新的語彙，我們也會獲得新的感受**。

也就是說，如果掌握的表達方式不夠多的話，那相對的也會在不知不覺中使我們的感覺受到限制。

例如，當吃到美味的食物時，或者找到非常合乎自己喜好的服裝時，如果脫口而出的總是「好厲害！」、「好棒！」、「不得了！」這幾句話，難道不會覺得太可惜了嗎？**其實心裡明明就懷有各種不同的情感，卻可能因為不知道表達的方式，使得這些感覺都被掩蓋住了**。

在《大辭泉》中查詢「素晴らしい」[1]所表達的意思，可以看到它記載的是「超群出眾、非常出色、極為令人滿意」。

但是在言語中，還有很多既能表現出相似的意思，又能呈現出微妙語感差異的詞彙。

比方說，很棒也可以用絕倫、最佳、難以言喻、輝煌、精采、卓越、超群等詞語來形容。即使只是瞬間想到的詞語，也存在這麼多的同義詞。

除此之外，我再舉幾個例子吧。

例如，「妙妙たる」[2]這個詞，表達的是「極為出色、非常精采」的意思。「妙」這個字，有著「難以言喻的美麗、巧妙」的意思，而「妙妙たる」這個詞便是一種將其反覆強調的表現。

另外，和「秀逸な」很相似的「秀抜な」[3]，表示的是「與他者相比更為出眾、特別傑出」，另外也包含「相較於平均水準」的意思。

言語也有分為口語和書面語[4]，另外也有只會在書籍中看到的表達方式。

1 譯註：很棒、很美好等意思。
2 譯註：絕妙的、非常好等意思。
3 譯註：兩者都有「卓越超群」的意思。
4 譯註：一種正式的、書寫用的日本文字風格，通常用於正式文件、學術論文、商業信函、報紙文章等。它相對於口語，更注重正確的語法、詞彙和禮貌用語，並且通常比口語更繁複和正式。

由於「妙妙たる」和「秀抜な」都是書面語，所以應該很少人會在日常對話中使用。

不過，如果知道這些能細膩表達情感的用詞，就能用細緻的表現來傳達當時感受到的感覺。

如果只知道「很熱」這個詞的話，那麼無論遇上多熱的天氣，都只能用相同的程度去捕捉這個感覺。

然而，如果知道「炎暑」（盛夏的炙熱）、「酷暑」（嚴峻的熱度）、「小暑」（真正要開始變熱的時候）等不同程度的表達方式，即使是相近的熱度，也會在感受方式上產生不同的差異。

人會根據言語來認知世界。

如果能熟悉各式各樣的同義詞，想必也能拓寬對眼前這個世界的看法。

藉由以最適當的言語來形容那些透過仔細觀察所獲得的感覺，便能更明確、更清晰地使其成為屬於自己的東西。

如此，也能和拓展自己對這世界的看法產生連結。

試著用言語來描述酒的味道

剛才說過，藉由多學幾個同義詞、區分不同的用法，並掌握如何表達纖細情感的差異，可以拓展自己在感受這個世界時的看法。

其中一種很好的練習，就是培養用言語來形容酒的味道的習慣。

無論是葡萄酒或日本酒等等，能用來傳達酒的風味與特性的詞彙種類繁多，而你是否知道，這些形容全都如詩一般美麗呢？

顏色、香氣、風味、餘韻及餘味……皆有固定的表現用語，專家會用這些詞彙來傳達味道與香氣。

舉例來說，在葡萄酒中，會用「芳香」（Aroma）或「醇香」（Bouquet）等形容來表達香氣。

這兩種用詞分別代表了不同的香氣。

芳香是指葡萄酒倒入玻璃杯時所散發出來的香氣，用來表現葡萄本身帶有的果香。另一方面，醇香是指葡萄酒隨著熟成所產生的香氣。由於這是在木桶或玻璃瓶中，隨著發酵的過程而產生的香氣，因此這個形容所代表的是更加複雜的香氣。

當拔掉瓶塞後，葡萄酒的味道也會因為接觸空氣而發生變化。換言之，香氣也是有「時間軸」的。

另外，表現香氣的說法還有以下幾種：

表示無花果、柑橘、黑醋栗等香氣的「如水果般的香氣」。

表示烤杏仁、開心果等香氣的「如堅果般的香氣」。

表示堇菜、洋甘菊、丁香等香氣的「如花朵般的香氣」。

表示檸檬草、腐葉土、苔蘚等香氣的「如森林般的香氣」。

表示咖啡、巧克力、焦油等香氣的「如燒焦般的香氣」。

表示皮革、毛皮等香氣的「如動物般的香氣」。

表示白堊岩、火藥等香氣的「如礦物般的香氣」。

這些還只是一小部分而已，其表達方式還涉及很多層面。

我想，如果能記住這些複雜的說法，而不是只用容易入口、顏色很深等簡單的感想來形容，便能拓寬自己的味覺與嗅覺的範圍，甚至也能探尋其深奧的韻味。

多元表達能拓展你的世界。

但是，即使知道表達的方法，剛開始應該也很難知道哪種香氣更接近哪種說法，以及該怎麼把兩者連接起來。

因此，我在品酒之後，會試著用主觀的言詞，將酒的味道與香氣表達出來。

舉例來說，如果是像日本酒一樣散發芳醇香氣，口感偏「辛口」[1]的酒……

「要說味道的話，會散發出如輕輕飄落般的芳醇香味，接著在最後被瞬間切斷。」「至於酒精濃度，則是不近人情的濃度。」「再喝這支酒的機率是百分之二十。」就像這樣，我會做出自己的判斷，並把它以言語形容出來。

1 譯註：「日本酒度」會標示「＋」或「－」的數值，正數越高會越偏向「辛口」，甜味較低、酒味較明顯，負數則是偏向「甘口」。

之後，我會閱讀釀酒廠網站上的介紹文，以及其他人寫的評論等等，反覆琢磨社會上的評價與我自己的評價之間存在的差異。

像這樣以自己的話語來形容味道，或者觀察實際上專家和製造者所形容的話語，看看他們與自己的感受有何不同，便能隨之將品味的評價標準應用在自己的感覺上。

不限於酒類，請你也試著把這個發現新的表達方式的習慣，運用在自己喜好的領域上吧。

接著，試著用言語或文章、表格、圖示來發表自己的感想，也都是很不錯的做法。「這支酒雖然比之前那一支還要不甜，但它的酸味比更早之前的那一支還要淡。」就像這樣，你得以將體驗具體化。

一年之後，你表達感受力的語彙應該就能被製成經過文字化、數值化的表格了。

這篇文章是用葡萄酒來舉例表達感受力，但其實日本酒中也有許多非常巧妙的表達方式。例如，用來表達色彩通透的清澈、用來表達如金黃色般有潤澤感的光澤、用來表達晶瑩水靈又閃耀著光輝的澄明度等等。

知道如何表達，就能提高我們在觀察風味與香氣時的解析度。

雖然過去看到的，是只用很甜、很苦、很清澈、很混濁……這類低像素的標準所看到的世界，現在你應該會鮮明地看到更加細部的事物。

如果是不擅長喝酒的人，請你務必用日本茶或咖啡等飲品來練習。

試著在欣賞藝術時先不看解說

最近，了解美術或藝術，被認為在商務場合中也會帶來幫助，因此受到不小的關注。

儘管如此，應該還是有很多人會認為「不知道該怎麼欣賞」、「對前去展覽會或美術館感到畏縮」，或者覺得「那是只限擁有高度感受力的人觀賞的藝術品」吧？

但是，就像將酒的味道言語化一樣，**美術鑑賞也能夠提高你的感受力**。

各位去美術館的頻率大概有多高呢？

以及，你有沒有喜歡的藝術家或作家呢？

在國外，有著在家裡裝飾畫作等輕鬆接觸藝術的習慣。

我認為，就像前文提到的品酒一樣，藝術絕非是門檻很高的領域，它是一種首先能以自己的主觀來欣賞的事物。

的確，藝術作品本身，會根據藝術家創作那件作品的意義、概念，以及歷史的脈絡等等，考慮到各種要素而受到評價，並被賦予價值。

然而，了解這種邏輯不是透過觀察，而是透過學習獲得的。

不管怎麼說，請試著以主觀、直覺來觀察藝術品，並用言語來表達感受。

在學習藝術品的背景，或者閱讀解說的文章之前，首先要與藝術品面對面，並試著思考自己當下內心湧現的情感。

接著再從那裡開始，想像創作者的用意就可以了。

當自己在感受過後，再去閱讀藝術品的解說時，就可以當作是在核對答案，能夠反覆琢磨自己的感覺與創作者或評論者的話語之間有何差異。

即使自己的想法和專家的考量有所不同，與實際情況有大幅度的落差，那也都不是錯誤。

不如說，我倒希望大家能享受一下彼此感受方式的差異。

在保有自己感想的情況下，了解創作者的用意或其背後的歷史，也會帶來更大的驚喜與發現。

在日本，藝術被過度認為是一種非日常且高尚的事物。但我認為，這樣實在是太可惜了。

想要培養在日常生活中享受藝術的風氣，必定要在教育等方面進行革新。

不過，首先還是請你試著由自己邁出第一步，跨越日常與藝術之間的鴻溝。

試著把聲音分解著聆聽

說到感受力，說不定有些人會認為應該學習文化或歷史等知識。

不過，**知識有時候會模糊我們觀察事物的眼光**。

就像完全依賴視覺的話，便會忽略用其它感官來感受一樣，以知識來觀看事物，也可能會讓感受事物的本質這件事變得困難。

透過掌握對文化與歷史等知識的教養，的確能加深對音樂作品的理解。

例如，聽古典音樂的時候，如果能了解它的背景及作者的來歷，也許就能聽得更加深入。

貝多芬第二號交響曲的第二樂章，是段極為美麗、如牧歌般的旋律。不過其創作的時期，是在貝多芬的耳疾惡化的時候。

如果知道這段背景，就會對這首曲子與現實之間的反差感到驚訝。有些人可能會覺得，這段美麗的旋律，聽起來又更有窮途末路的感覺了。

總歸來說，了解事物的背景與歷史，和不了解背景與歷史，是會讓感受方式發生變化的。

感受力也是一種建立在知識累積上的能力。

重要的是，我們必須知道，那些知識有時也會成為阻礙。

自然地享受聲音的感覺，和在無意識中沉睡的感受力，會在不知不覺中無法發揮作用。

感受力也是建立在知識和感性之上的，不能讓任何一方掩蓋住另外一方。

因此，當你去聽古典音樂會的時候，希望你也能這麼做做看……

首先，**在享受整體樂音的同時，偶爾也選擇幾種不一樣的樂器，仔細聆聽它們的音色**。

試著把意識轉向單一樂器，觀察那位演奏者的動作，把從那裡聽到的聲音，和從整個交響樂團中聽到的聲音區分開來吧。

雖然剛開始很難做到，一直觀察下去的話，就會從錯綜複雜的聲音中，出現只有那個樂器的音色進入耳朵的瞬間。

之後，便能察覺到「原來這個樂器是這樣的聲音啊」，並開始把整體的交響樂「因數分解」般地聆聽。

然後，再把各別的聲音合而為一，享受整體合音的話，便能比之前更加盡興地享受這首樂曲。

像這樣，**透過培養將意識轉移至整體內部細節的習慣，自然能開始進行更深入的觀察**。

這並不僅限於音樂。比方說，如果是料理的話，就可以試著從口中散發出來的氣味中，集中注意每一種食材或調味料的味道。

或者，預先了解每樣食材和調味料的味道後再品嘗的話，就能更深刻感受到這道料理的整體協調性。

透過將味道和聲音進行「因數分解」，以此展開觀察，便能逐漸提升感受力。

接著，在了解到每個細節的妙處、體會到整體的協調之後，便能開始理解所有的和諧了。

試著用身體記住物品擺放的位置

各位能在閉著眼睛的狀態下走到自己的房間嗎？

下班回家後，在屋裡還一片漆黑的狀態中放下包包，走到沙發的位置坐下，拿起電視遙控器。

說不定，這些動作令人意外地能輕易完成呢。

就像這樣，有時候我們並不是用頭腦，而是用身體來記住擺設。

例如廚房中鹽和胡椒的位置，你是否也是用感覺來記住，而不是用頭腦來記住呢？

靠感覺來記住順手拿取的位置後，即使只是出現些微變化，也會開始注意到這種不太對勁的感覺。

因此，請試著決定身邊物品的擺放位置吧。

請讓我試著說明茶道中道具的配置來作為案例。

在茶道中，會使用各式各樣的道具。例如用於抹茶、點茶的陶瓷器和漆器，以及茶碗、燒水的茶釜，還有用來把水倒入茶釜中的水罐、用來舀茶的茶杓等等。

這些道具中的某幾種，需要根據季節來更換。而放置或裝飾這些道具的架子，也會隨著季節替換。

此外，配合架子的改變，道具的配置也會跟著改變。

而且，所有道具的配置都是以公厘為單位來決定的。

我們在日常中使用的長度單位是公制，但在茶道的場合中，有著以「榻榻米編織的針眼數」為基準的測量方式。

所謂榻榻米的針眼，指的是榻榻米上突起的摺痕，一個針眼的尺寸是一．五一公分。

榻榻米的尺寸雖然不是全國統一，但如果是基本款的榻榻米，針眼的尺寸就是相同的。所以，只要注意同樣的尺寸就可以了。

舉例來說，茶道專業人士會以「坐在從榻榻米邊緣算起的第十六個針眼上」，或者「放在第五個針眼上」等用法來表示這個單位。

我在剛開始學習茶道時，聽到人說「第十六個針眼」時，也無法一下子就理解是什麼意思。

那時我會一個針眼、一個針眼地數，因此經常被訓誡。

不過，如果始終意識到一個針眼的單位配置，就會漸漸開始習慣。之後即使不必逐一計算，也能知道擺放物品的位置了。

透過感覺來習慣正確的位置後，即使是微小的偏差，人也會在感知上產生協調或不協調的感受。

經由以下這件事，我明白了何謂協調與不協調。

在薄茶[1]的點茶儀式中，有時會在最後將蓋置[2]和舀子等道具擺放在架子上，以此結束點茶的流程。

舀子的擺放位置會根據尺寸來做詳細的決定。比方說，將舀子斜放在架子上層的四

1 譯註：日本抹茶的做法可分為「薄茶」與「濃茶」兩種。

2 譯註：放置茶釜的蓋子或舀子的道具。

角形層架上，上半部擺在四分之三的位置，下半部擺在三分之一的位置等等。

以前我在練習茶道時，當放下道具、要結束點茶的時候，茶道的老師叫住了我。他問我：「是不是感覺有點不協調？」

被這麼說之後，我將蓋置向左移動到僅有三公厘距離的位置。

於是，**周圍的空氣一下子平靜了下來，彷彿陣陣漣漪變得風平浪靜一般，我感覺到所有的道具都舒舒服服地安頓在那個空間裡**。

當時，我在網頁設計公司工作。

每天都面對著0.1像素、0.1點等單位，追求著誰來看都能感覺到美麗、整齊的均衡感。

我到現在都還記得，當時我對於從這麼久以前就持續下來的茶道文化中，竟然也有著和網頁設計如此相似的協調感，實在是感到極為驚奇。

會感覺到協調，一定是有原因的。

而且，為了注意到打亂這種協調的原因，**平時就必須有意識地保持著感覺協調的狀**

態才行。

透過磨練自己身體的感覺，感受會讓人感到協調的物品配置，便能在協調被打亂時，感覺到哪裡產生了不協調感。

不只是茶道，如果能決定我們身邊物品的固定位置，便能逐漸養成察覺到那些僅有些微變化的觀察力。

試著根據季節變化改用不同的器具

日本的四季分明，是個能夠享受季節變化的國家。
當櫻花盛開、凋謝後，就到了新綠的季節，於是綠意漸濃、降下雨水。
當梅雨季結束後，太陽便會改變角度，迎來炎熱的季節。
當炙熱的太陽光緩和下來，日照時間會跟著變短，樹葉的顏色也會發生變化。
當樹葉凋落後，風力就會變強，迎來寒冷的季節。
當你閉上眼睛時，腦中會不會浮現這樣的光景呢？
樹木的色彩、夜間蟲子鳴叫的聲音、日落時間的變化……在日常生活中，我們也能好好享受季節的更迭。
可是，每天過著忙碌生活的我們，往往會忽略這樣的季節變化。
如此一來，意識只會朝向內心，即使想從所處的世界感受些什麼，感受力也會漸漸被封閉起來。身為出生在一個四季分明的國家的人，這樣不是太可惜了嗎？

為了不造成這樣的結果，希望大家能養成一個習慣。

那就是，試著跟隨季節改變更換器皿。

自古以來，日本人就會根據季節的變換，在生活中享受這些變化。人們也會經常聊到「日照變長了呢」，或者「突然變冷了呢」等關於氣候的話題來作為問候語。

與此相同，請各位也試著根據季節的變化，更換一下餐桌上的器皿。

例如，在初春時節，應該很適合擺放輕巧的瓷器。像是青瓷，或是顏色柔和的器皿，感覺都很合適。

到了夏天，我也推薦擺放從視覺就能感到涼爽、製作得比較輕薄的器皿，或是玻璃製的器皿等等。

進入秋天之後，暖呼呼的料理也會跟著變多，如果換上稍微深一點的盤子，或是暖色調的器皿，想必也會給這個食慾之秋增添更多的色彩。

隨著冬天的到來，便換上較厚、較深、觸感柔軟的低溫燒製器皿。這麼一來，擺在冬季餐桌上的料理，也會變得更加有風味。

如果是繪有圖案的器皿，請看看上面畫的是什麼樣的圖案。是春天的花？還是秋天的花？

試著在與那些圖案相稱的季節裡使用這些器皿，應該也是個不錯的選擇。

隨著季節的變化而更換器皿的顏色與花樣，除了可以讓吃飯時的氛圍變得更加多彩多姿，還具有帶出料理風味的效果。

但最大的效果，是**開始意識到四季的更迭，養成觀察自然變化的習慣**。

小時候，當家人買新傘給我時，我就會開始盼望雨季的到來。

同樣的，如果能根據季節的變化來更換使用的器皿，就能開始期待四季的更迭，想著下一個季節會不會早一點來臨呢？

請試著從更換器皿開始，改變自己看待大自然的方式，逐漸培養觀察的能力。

試著記住表達各種季節的詞語

前面已經介紹過要培養開始意識到季節變化的習慣，但時節的區分方式並非只有春、夏、秋、冬這四種而已。

四季是把一年的時間區分為四個時節，其實還有區分得更詳細的表現方式。

那就是名為「二十四節氣」的時節計算方式。

這種時節的表現方式，是將春夏秋冬再各自區分為六個節氣，一個節氣是半個月，大約為十五天的時間。

各位是否聽過「立秋」或「穀雨」之類的詞語呢？

說到其他比較知名的，還包括「春分」、「夏至」、「秋分」、「冬至」等區分二十四節氣的詞語。

透過了解這些用來表示季節變化的詞語，便能開始意識到環境的變化，漸漸培養觀

察的能力。

二十四節氣的誕生是有原因的。

中國在古代使用的曆法是以月亮的圓缺為基準來安排的陰曆。若將新月到滿月，再到月缺為止，視為一個月的話，那一個月就大約有二十九天。

在這一個月之間，會有一到兩天的誤差，一年累積下來就會產生約十一天的偏差。而在三年之中，就會出現約一個月左右的偏差。但這種程度的差異，已經無法稱為偏差了。

當然，即使同樣是五月，也會出現不同的氣候，因此農耕作業的時間也會產生偏差。

因此，在中國的戰國時代，人們便以太陽的運作為基準，設計出「二十四節氣」。先將一年劃分為十二個「中氣」和十二個「節氣」，並分別取名為能表現出各時期特徵的名稱。

因為是以太陽的運作為基準，所以經過一年之後，又會回到同樣的太陽位置。

除此之外，還有將二十四節氣再各自細分為三的「七十二候」時節計算方法。

一候約為五天。這種方法的發祥地也是中國，並在六世紀左右傳到日本。傳入日本之後，人們持續改訂並長期使用七十二候，直到明治時代[1]，才開始改用陽曆。也就是說，其實日本在距今一百多年的二十世紀初，都還在使用七十二候。

二十四節氣是以慣用語形容氣候的動向或動植物的變化，在七十二候中則以如詩般的語言來表達大自然的變化。

例如，從二月四日到二月八日，這五天被稱為「東風解凍」，意思是「東風（春風）開始消融寒冰」。

從二月十四日到二月十八日為止，則是意為「魚從碎冰中一躍而出」的「魚上冰」。

初夏的六月十一日至六月十五日為止，則是意為「潮溼的腐草化為螢火蟲」的「腐草為螢」。

入秋的九月二十八日至十月二日為止，則是意為「蟲子堵住土中被挖掘的洞」的「蟄蟲坯戶」。

這樣的文字都已經能稱做詩了呢。

是不是讓人非常能夠聯想季節的情境呢？

而且，二十四節氣中的「氣」，和七十二候中的「候」，這兩個字組合在一起，就成為表示天氣的「氣候」這個詞。

另外，**在日本，風的名稱更是多達兩千種以上**。不僅是隨季節吹拂的風，還會根據早晨或傍晚的時間，或是吹拂的強度差異，而有不同的描述方式。

會有這麼多種風的名稱，也證明了當時的人能分別感受到許多不同種類的風。藉著吹拂在臉上的風，能夠知道季節的轉移。這是多麼美妙的事啊。從這些表現中，可以理解古人如何細膩地感受季節與自然的變化，並敏感且細緻地度過每一天。

所謂觀察，並不只是用眼睛「看」而已。即使映入眼簾，如果不將意識轉向其中，或者沒有從中感受到任何感覺的話，就沒有意義了。

1 譯註：一八六八年〜一九一二年。

透過了解氣候的變化，以及形容那些變化的用詞，便能開始發現「今年直到小雪的時期都還沒變冷啊……」，或者「因為現在是九月嘛，所以這陣風是盆東風[1]嗎？也就是說，本週的氣候可能會惡化呢……」這些話所說的究竟是什麼意思。

請試著記住二十四節氣，以及七十二候等表示大自然狀態的用詞，仔細觀察一下日常生活吧。

藉由不同的言語表達，無論是對世界的看法，還是觀察的方式，想必也都會跟著逐漸發生變化才對。

1 譯註：初秋的季語。盂蘭盆節時期吹的東風。

試著觸摸餐廳使用的器皿

享受外出用餐的方式，首先就是享受料理。

其次，便是享受與一同用餐者之間的對話。

接下來，也別忘了享受店家的理念。

小時候，我經常和家人一起外出吃飯，也被教導了如何享受食器帶來的樂趣。

當料理端上桌時，首先欣賞一下盛裝料理的食器是怎麼與料理搭配的，之後再開始品嘗料理。

結束用餐後，將空的食器翻轉到背面，觀察底座，拿起來感受形狀、厚度與重量，並想像其歷史、製作的場所，及出自哪家窯戶等。

從旁人的角度來看，我們家族全員來回撫摸食器，並說「也讓我看一下那個」，並互相交換的舉止，可能是有點異樣的場景。

雖然根據時機和場所的不同，有時候可能會變成違反禮儀的行為，但除了享受店家端出來的料理之外，**如果能把目光轉向店鋪環境，與店主講究的細節或是審美的感覺上，也可以成為提升觀察能力的良好習慣**。

店家中所使用的器皿，也會根據那家餐廳的經營想法或料理的種類而有所不同。

供應洋食的餐廳也是，有的店家會使用白色的西洋餐具，有的店家則會提供日式器皿；有的店家會以刀叉來食用餐點，有的店家則會提供筷子來食用餐點。

即便只是餐具，也能體現那間店鋪的理念。

舉例來說，如果有機會去高級日式料理餐廳的話，請先去看一看和室的壁龕，因為店家會在那裡裝飾與當下的季節、那場餐聚相稱的掛軸。

如果是年末的話，就會掛上寫著「無事」的書法字。

當你為自己能平安無事地度過這一年而感到萬幸，也會認為即將開始的用餐時間是一段無可替代的時光。

壁龕中的文字，就是店主傳遞給顧客的訊息。

就像這樣，店家中的陳設並非偶然，那裡所有的一切，全都是計算好的。
「為什麼要在現在這個季節推出這一道料理呢？」
「為什麼會盛裝在這個器皿上呢？」
「為什麼會在花瓶中插上這朵花呢？」

因為去餐廳的時候，是一種難得的「非日常」生活，所以請試著仔細觀察餐廳各處，並有意識地感受一下店家的理念吧。

除了器皿之外，還有走廊上掛的畫、廁所中擺放的拖鞋的材質等等。

不僅是食材，還有酒和酒瓶、店家的陳設、店員的舉止，以及這家店的歷史等等。

正因為店家為我們提供了所有與上述事物相關的空間與時間，我們才想付出相應的關注作為回報。

此外，當養成上述的觀察習慣之後，便能時刻察覺到他人的體貼。

舉例來說，到朋友家拜訪的時候：

「這是很少見的點心呢，是不是為了今天而特別為我準備的呢？」

「紅茶中散發著煙燻般的香味，是不是為了搭配較甜的點心而為我選擇的呢？」

如果能察覺對方的體貼與想款待客人的心意，那麼當下次自己要招待其他人時，也會開始想試著去實踐一下這些體驗。

在高級料理店、餐廳，或者朋友家中領悟到的款待心意，一定會成為你今後人生當中的養分。

培養觀察的習慣，正是通往創造性人生的終極力量。

第2章

培養感受力之整理的習慣

擁有感受力的人，可以自覺地
感受到自己的情緒變化，並且
有意識地進行調整。
因此，總是能冷靜、坦率地做
出本質上的選擇。

這，就是整理的十種習慣。

試著整理錢包內的物品

如果養成了觀察的習慣，接著就來培養整理的習慣。

所謂整理，指的是整理環境，以及調整心靈的理想狀態。

首先就從最貼近我們身邊，且每天都會使用，卻意外地不會特別留意的錢包內的物品，開始培養整理的習慣。

紙幣和硬幣、信用卡、駕照、健保卡、某家店的集點卡、醫院的掛號單……

你是否有一個塞滿了各種物品，看起來圓鼓鼓的錢包呢？

我最近把長夾換成了短夾，卡片類的數量也減少到只剩幾張而已。

如果以「哪天說不定會需要用到」的想法來看事情，那就會認為所有物品都是必要的。

不過，經常使用到的信用卡，大概也只有一、兩張吧。

集點卡也是，我想現在有很多地方都能改用App來集點了。

提款卡也一樣，只要更改成網路銀行，就不需要實體卡片了。把卡片和存摺放在家裡，也會感到比較安心。

現在只要在智慧型手機上設定結帳功能，不要說信用卡，就連現金也不需要了。最近即使不帶錢包出門，也不會產生什麼困擾。

雖說如此，還是有很多情況需要用到現金。

為此，請定期檢查錢包裡面的物品。

如果紙鈔有摺痕，就把它恢復平整，並且把鈔票的種類和方向也排得整整齊齊。

發票比鈔票還要多，實在是不像話。

請把所有東西都整理乾淨，不要的東西就處理掉吧。

如果錢包裡面雜亂無章，就容易花費超過必要的金錢，對金錢的感覺也會變得麻痺。

在物理上沒有進行完善的整理，也會連結到心靈的狀態。

你的錢包中，是否塞滿了亂七八糟的發票和紙鈔呢？

正因為錢包是最貼近自己，也是最重要的東西，所以才會成為幫助你開始培養「整理的習慣」的第一步。

所謂錢財，根據使用者的不同，既可能成為一種善，也可能成為一種惡。

即使只是為了整齊美觀、有意義地運用錢財，也請整理一下自己的錢包吧。

就算只是為了珍惜使用金錢這項資源，這麼做也是非常重要的。

試著在出門上班前打掃家裡

一個人心理的狀態會受到環境所左右。

如果待在凌亂的房間裡，即使只是想整理一下心情，也無法順利進行下去。

因此，當整理好錢包內的物品後，接下來就請開始整理家中的物品吧。

沒有區分冬夏季服裝的衣櫃、雜亂無章的醫藥箱、種類和尺寸都擺放得參差不齊的餐具櫃……

在家中的某處，一定會有幾個雖然每天都很在意，卻因為優先順序較低的關係，導致一直放著沒有解決的地方。

為此，請試著培養在規定的時間，或者在空閒的時間中進行清掃的習慣吧。

我把「一點一滴地累積乾淨」這件事稱為「乾淨儲蓄」。

如果有還沒清掃且令人感到在意的地方，這種狀況也會影響到自己的思考。當亂糟糟的地方變得乾淨整潔、空間變得寬敞時，腦中的雜念就會不可思議地跟著消失。無論是工作上的管理，還是與人之間的相處及距離感，都會隨之改善。不僅僅是工作。我想，對於在日常生活中做判斷的速度，以及提升工作表現上，也都會帶來影響。

如果要打掃的話，我推薦在開始工作之前，也就是在上午出門上班前進行打掃。首先打開窗戶，讓停滯的空氣流動起來。接著用吸塵器吸地板，如果可以的話，就拿布擦地板。接下來，再決定要把家中哪個特定的地方打掃乾淨，好好整頓一下。試著以「我今天要好好收拾這裡！」的心情來面對。

那麼，行程比較忙碌的時候，應該以哪裡為中心進行整理比較好呢？因為太過忙碌，以致只有三分鐘能打掃的時候，就把不鏽鋼水槽和金屬製的水龍頭、鏡子等會反光的事物打掃一下，找回它們原有的光澤吧。這是因為，單單只是會反光的材料呈現出它的光澤，就會讓人感覺到這些東西稍微變得乾淨一點了。

如果你有五分鐘的時間，就用吸塵器把整間房子吸一吸。

如果有十分鐘左右的時間，就整理一下醫藥箱或小型的櫥櫃。當你把好幾個同樣的藥品，或者散亂四處的ＯＫ繃等用品整理好之後，不只能在必要的時候馬上將其取出，還能進行庫存管理。

如果有三十分鐘的時間，就可以整理大型的櫥櫃。只要把餐具櫃裡的物品拿出來擦拭、清掃一下，就能使心情變得愉悅舒適。

如果有一個小時以上的時間，甚至可以試著改變一下房間的布置。

即使只是稍微改變一下家具的擺設，就能使日常生活煥然一新，也會充滿新鮮感吧。而且，還可以順便把家具底下堆積的灰塵也一起打掃乾淨。

在進行清掃等單純的動作同時，我的頭腦會展開非常自由的思考。

關於新商品或設計，以及新事業，或者今後的生活方式等等。我會在當下把想到的點子錄音下來，存在手機中。

打掃不僅可以清除大腦中的雜音，這段時間還會成為能觀察自己，以及發想新點子的時間。

一旦開始工作，便會忙於處理業務，始終抽不出時間思考新的事物。在忙碌的每一天當中，想著好不容易平靜下來的時候，大概已經是傍晚了吧。

有效利用開始工作前的時間，將心靈狀態調整好。

這麼做也會對一天的生活方式及工作效率帶來影響。這是因為，能發揮感受力的人，會將注意力集中在將心靈狀態調整好。

每天花三十分鐘或一個小時打掃可能有些困難，但如果是十分鐘或十五分鐘的話，應該是有可能辦到的。

每天一點一滴地進行乾淨儲蓄，整理腦內環境，試著讓自己發揮能清晰思考的能力。

試著把常用物品放在櫥櫃裡的前排

哪怕只有一點點也好，當你養成了每天打掃的習慣，一個月下來便能一點一滴地累積「乾淨儲蓄」。

接下來希望你能做的，就是思考物品的擺設。

雖然在「觀察的習慣」這一章中，也曾跟各位說過，請試著決定物品的擺設，但在這裡，我們來思考一下物品合理的擺放位置。

比方說，經常使用的餐具被收在餐具櫃的內側，每次要把它拿出來時，都要先移開前方的餐具，再拿取內側的餐具。有沒有這樣的人呢？

其實，我也經常會遇到這樣的狀況。雖然每次腦中的某處都會想著「真麻煩啊」，但這樣的狀況卻成了理所當然的事情。

然而，如果每次都要從櫃子內側拿取的話，弄破餐具的風險也會增加。

雖然只是小事，但即使是這樣的不安感，也會影響我們的內心。

為此，當我試著下點工夫，把經常使用的器皿放在架上的前排之後，生活中的小小壓力就跟著減輕了。

不只是餐具櫃，請你也試著改變衣櫃、鞋櫃，以及水槽下方的物品擺放位置。

想必這麼一來，不只要做的動作會變得更加簡單，也能減輕一些小小的壓力吧。

另外，我也推薦偶爾重新評估一下那些物品的擺放位置。

照理來說，每隔幾個月、幾年，需要的物品也會跟著改變。或許，你的生活方式也正在發生變化。

請每個月一次，在過生活的同時也重新審視並思索，**「在現在的生活中，這個物品放在這裡是合適的嗎？」**，並決定那個物品與當下的生活相稱的固定位置吧。

據說，日本人每年要花費將近一百五十個小時來尋找東西。

無論是思考工作上的點子，還是冥想並面對自己的內心。

透過整理居家環境，不僅可以減輕壓力，讓思考變得更清晰，想必也能把至今為止花費在尋找物品的那些時間，改為用在更有意義的事情上。

試著減少家裡的衣架數量

收拾好屋子後，接著再來收拾一下衣櫃內部吧。

整理時尚單品時，最好的方法就是「決定衣架的數量」。

各位擁有多少自己喜歡的衣服、鞋子，以及包包等時尚單品呢？

購買每季的潮流單品時，都令人感到雀躍不已。穿上自己喜歡的新衣服時，情緒也會跟著興奮起來。

不過，如果放任不管的話，這些物品往往會無止境地逐漸增加，這也是時尚單品的一大特點。

「雖然這一季沒穿到，但總有一天會穿的。」

「因為真的很喜歡這件單品。」

「雖然體型有些變化，但總有一天一定能再穿上它的。」

要是這麼想的話，那衣櫃中就會充滿一堆整季都沒穿過的衣服、沒拿過的包包，和想穿卻沒機會穿的鞋子等等。如此一來，便無法把東西好好收拾乾淨。

如果物品很多的話，就意味著在生活上必須費神思考的事情也同樣會跟著變多。

除了選擇穿什麼樣的衣服，就連洗衣服的次數，以及在整理上花費的時間也都會跟著增加。

即使是面對這些瑣碎的作業及選擇，我們的大腦也會在不知不覺中逐漸消耗掉能量。

蘋果公司的創辦人史蒂夫．賈伯斯，每天都穿著三宅一生的高領衫、LEVI'S 501牛仔褲、New Balance的運動鞋，就像在穿制服一樣，這已經是很出名的事情了。

賈伯斯是否為了不要每天都耗費精力在挑選衣服上面，才自我制定這樣的規矩呢？

感受力遲鈍與否，跟物品的數量呈正比，我的思考好像也漸漸變得不再那麼清晰了。

總覺得，自己做決定的速度也跟著緩慢了起來。

在那之後，工作也開始受到影響，無法提升在工作中的表現。此時，我便產生了

「不能再這樣下去」的想法。

因為那時候也正好是我想簡化身邊事物的時期，就徹底進行了斷捨離。

然而，要捨棄自己心愛的事物是非常困難的。

所以，我便決定要從衣架的數量開始著手。

我訂了一條規矩，假如衣櫃裡已經塞滿了衣架，我要麼就選擇放棄繼續購買，要麼就處理掉現有的物品。

另外，我也規定自己衣櫃中放置的衣服、鞋子、包包的數量，如果超過這個數量的話，就會把多餘的扔掉，或者進行回收處理。

以具體的數字來說，我把鞋子減少到剩下三雙的程度。

日常生活中能使用的運動鞋有兩種，再加上夏天穿的涼鞋一雙，加起來總共三雙。

冬天的話，會以靴子來取代涼鞋。但加起來一樣是三雙，沒有改變。

至於包包，我則減少到四個。一個是平常裝筆記型電腦的包包，另外還有兩個稍微正式一點的包包，以及一個宴會用的手拿包。

另外，**春天和秋天時我一定會把衣服進行換季處理**。**如果是去年一整年都沒穿過的衣服，我就將其區分開來，並貼上「放棄」的標籤**。假如等到第二年，也一直都沒穿上它的話，就會把它處理掉。

得益於此，我衣櫃裡存放的物品，便開始只充滿我自己喜歡的、精挑細選的衣服。而且也會縮短每天挑衣服的時間。

只要把「買下什麼東西」這件事，看作是用它來交換現在手上擁有的、自己喜歡的東西，就會越發認真地面對每一個選擇，越能讓自己的房間更加井然有序。

心思敏感度高的人，有著屬於自己的「風格」。

而擁有自己的風格，也代表著能讓自己的生活過得更加單純。

除了總是會穿著自己喜歡的品牌服飾外，我也會決定我衣櫃中所有衣服的色調。

我並不會否定大家愉悅享受各種時尚的心情，但自己衣櫃的狀態也會與心靈的狀態成正比，所以請記得經常將其整理乾淨吧。

試著整理人際關係

本章主要講述關於整理的習慣，不僅要大家把東西整理乾淨，也希望大家能徹底、有效率地活用有限的物品。

不管是衣櫃也好，錢包內的物品也好，還是自己的身體，又或是時間也好，全都是一樣的道理。

我們在這一生當中的時間是有限的。

所以，要不要試著決定一下與自己往來的人數呢。

聽起來好像會覺得要以自我為中心，捨棄掉不必要的人、限制朋友的數量。但這句話絕對不是這個意思。

這句話的意思是，**要好好珍惜能關注自己的時間**。

與人見面的好處在哪裡呢？

有時候，我們也會希望有人能在背後推自己一把。也許偶爾會想請對方聽聽我們的煩惱，或者聽聽與自己抱持相同煩惱的人說點什麼，藉此感到安心。也可能是想聽聽前輩給自己的斥責與鼓勵。

不僅如此，聽聽別人的煩惱、和老朋友見面，為了一些微不足道的往事而使場面熱絡起來，也是一段能讓自己轉換心情的時間。

雖然時間一轉眼就過去，也不太記得彼此說些什麼，但自己應該會因為助人而感到充實，或者讓心情得到抒發吧。

無論何種交流，無疑都是人生中的寶貴時刻。透過不同交流所收穫的事物，也會留存在自己心中，並逐漸醞釀成熟。

想要透過與人的交流來培養感受力，這個「熟成期」就非常重要。

藉由熟成期，我們可以把從其他人身上收穫的事物轉化成自己的能量。

尋找自己內心深處的答案，將其用言語表達出來，並找到努力的目標、展開學習，並將其轉化為能激發自身潛力的能量，就是這段熟成期的重要目的。

如果想要確保這段熟成期，就抽不出那麼多時間與許多人見面了。

所謂整理人際關係，是指珍惜每一次的交流，並擁有能讓從中收穫的事物好好熟成的餘裕。為此，要做的就是自主地與人進行交流。

你是否曾在不怎麼感興趣的社交場合中露面，或者扮演成對方希望你成為的模樣呢？

請試著切斷這種關係，調整一下彼此的關係吧。

當然，也一定會有與自己不合而遠離自己的人。雖然無論在任何時代，分離都會令人悲傷，但我們沒有必要去追回那個人。

「如果那個人對自己而言是必要的，一定會以另一種形式回到自己身邊。」

如果能這麼思考，並專注在自己的情緒上，理應不會與離去的人撕破臉，而是能愉快地進入下一個階段才對。

比起別人怎麼想，更重要的是自己怎麼想。

比起別人想怎麼做，更重要的是自己想怎麼做。

在自己心中尋找只有自己才知道的答案，是一段比尋找別人給的正確答案更為險峻的道路。而且這個選擇還伴隨著責任。

無論是什麼樣的偉人，還是有錢人、老人、小孩，每個人的一天都同樣只有二十四小時。

你的人生也跟衣櫥一樣，是有限且無法替代的。

就讓我們把這段寶貴的時間，用在改善人際關係與了解自己吧。

試著不吃午飯

我在吃午餐時，盡量不攝取碳水化合物。會簡單吃些蔬菜，或者豆腐等富含蛋白質的食材。

理由只有一個。

就是為了防止餐後昏昏欲睡，並調整大腦的狀態，提升下午的專注力。

如果太餓的話，精力就會降低，導致無法集中注意力。但反過來說，如果太飽的話，又會感到頭昏腦脹、昏昏欲睡。

大家應該也都有過這樣的經驗吧？

吃完飯後睡意會突然高漲，是因為醣類攝取過多的關係。

通常，在進食過後，血液中的葡萄糖會增加，血糖值也會跟著上升。

當血糖值上升時，為了使其恢復正常，身體會分泌一種叫做胰島素的激素，幫助降低血糖值。

如果攝取過多富含醣類的碳水化合物等，便會使血糖值一下子上升，為了降低血糖值，便會分泌大量的胰島素。

由於血糖值急劇上升，又急劇下降，便會導致頭昏腦脹、昏昏欲睡。

以蔬菜、菇類、豆類為主的飲食，不僅卡路里較低，醣類也較少。

這些不容易提升血糖值的飲食，在近年來被稱為「低GI食物」，不僅需求逐漸升高，在便利商店等店鋪也越來越容易見到了。

如果想經常維持頭腦清醒，那麼稍微控管一下午餐，或者攝取低GI食物，應該就能不被睡意侵襲，並好好集中精神。

據說，從鎌倉時代開始盛行的禪宗，其修行僧有著能在空腹時分散注意力的方法。

禪修的戒律非常嚴格，規定只有上午的時間能進食，到了下午就不能再吃東西了。

但即使是正在進行著艱苦修行的禪僧，如果長時間不吃東西的話，身體還是會撐不下去的。

此時，他們就會在懷中放入加熱的石頭，溫暖胃部周圍，以此抵禦飢餓和寒冷。這個石頭被稱為「溫石」，從那之後，溫暖胃部的稀飯等簡單餐食，就開始被稱為「懷石」。一般認為，這就是「懷石料理」的語源。

雖然不清楚禪僧知是否知道血糖值的機制，但他們應該已經體會到，在血糖值處於上升的狀態時，或者反之處於低下的狀態時，自己便會無法發揮原有的感受力。

在食物充足的現代，一枚銅板[1]也能飽餐一頓。

不過，請試著刻意打造空腹時間，管理一下攝取的食物，**保持適度的飢餓感和緊張感來度過每一天**。

如此一來，你也會將能力發揮到極致。

雖說如此，勉強減肥和過度忍耐帶來的壓力也會擾亂自己的感受力。

並不是要你極端節食，而是**平時就要與自己的身體好好「商量」，引導出能讓身體時刻保持舒適的狀態**。這一點，也是富有感受力的人平時就會注意的事情。

1 譯註：基本上指的是五百日圓。

試著使用「番茄鐘工作法」來管理時間

大家是如何提升工作效率的呢？

每個人都各自有能保持注意力、集中精神的時間

我的工作要持續繪製細緻的圖樣，用反覆多次燒成的手法製作成品，是如同耐力較量一般，十分需要毅力的作業。

因此，為了專注進行陶藝的彩繪工作，我正在實踐調整時間運用方式的訣竅。

這個訣竅就是：專注一個小時後，休息十五分鐘。

這是一種被稱為「番茄鐘工作法」（Pomodoro Technique）的時間管理術，是重覆進行短時間工作和短時間休息的方法。

番茄鐘工作法是以「工作二十五分鐘＋休息五分鐘」為一個組合，每兩小時休息三

十分鐘的方法。

當然，最佳循環週期存在個人差異。不過，對我來說，「專注一小時、休息十五分鐘」就是最合適的安排。

忍不住回覆郵件、因為其他事情而分心……像這樣為了各種狀況而無法好好集中精神，以致幾個小時就這樣過去的情形是常有的事。

可能有些人也會專注到渾然忘我，導致之後引起身體不適吧。

我在學習技藝的時期，也曾經因為連日反覆將精神集中在彩繪作業上，專注到近乎忘我的程度，導致脖子無法轉動。

即使為了能發揮自己的能力，並保有自我本色地生活，找到能讓自己舒適地進行「專注與休息」的時間分配，也是非常重要的。

當「專注與休息」的節奏逐漸形成後，也會逐漸整理出時間的運用方式。

現在也有非常多款不同的應用程式，可以幫助我們進行時間管理。

無論是上班族，還是自由工作者、遠距辦公者，請各位試著每天對時間進行管理，調整一下專注與休息的循環週期吧。

試著花十分鐘把意識專注在呼吸上

近十年來，京都的寺院開始對外開放，而且開始以一般人為對象舉行坐禪的講習會。

但一提到坐禪，是不是有很多人會覺得門檻太高呢？

的確，無論在什麼樣的情況下都必須保持不動、像高僧般維持著毫無雜念的精神狀態，並不是那麼簡單就能做到的事。

在坐禪的時候，會發現各式各樣的狀況。

比方說，端坐數十分鐘之後，首先會開始在意發麻的雙腿，可能也會在意周圍的人或蟲子之類的事物。

不僅如此，腦中可能會充滿許多雜念。例如感到飢餓和口渴，或者開始思考晚餐的菜單，也可能會想起昨天在工作上的疏失等等。

什麼都不想，是一件非常困難的事情。

不過，沒有必要以此為目標。

首先，請你**將意識轉向呼吸。僅此一點，便能讓你開始接受、放手，並調整你的知覺與情緒。**

只專注在呼吸上，深深吸氣、深深吐氣。只要這樣就好了。

請試著在每天的習慣中引入這種「將意識轉向呼吸的時間」。

我曾透過三個體驗，切身感受到呼吸的重要性。

第一個體驗，是在森林中冥想。

聽到在森林中冥想時，大家可能會產生優雅的聯想，彷彿一邊聽著樹木隨風搖曳的聲音，一邊在臉頰被微風吹拂的同時，感受著自己融入大自然當中。

但實際上，我坐在粗糙且如針刺般的草地與石頭上，手腳遭到蚊子的襲擊，很勉強才能將眼睛閉上，是一段讓人感到神智昏眩的時間。

結束後，我開口說的第一句話就是：「好癢！」然後在自己的臉部和腳上盡情地抓個不停，是一段十分悲慘的回憶。

再怎麼說，要不在意蚊子的侵襲和嗡嗡響的聲音，還有那種身體發癢的感覺，實在是件非常困難的事。

第二個體驗，是在茶道集訓中的體驗。

在剛更換的硬榻榻米上坐了幾個小時，忍耐著痛到懷疑自己的腳是不是開放性骨折的同時，也一直持續坐著觀看其他人的點茶動作。

不能換腳、沒辦法東張西望，也無法隨意活動身體。

在強烈的緊張氛圍中，我感覺到放在膝蓋上的手流出的汗水滲進了和服，腳也漸漸變得溼答答的。雖然感覺自己快暈過去了，但我還是繼續一分一秒地等待時間過去。

只有這一次，我想著：「我真的已經不行了……。」

第三個體驗，是耗時三十三個小時的分娩。

我是以陰道分娩自然生產的。

面對持續不斷襲來的陣痛感，我並非透過讓身體變得僵硬緊繃來對抗疼痛，而是透過意識到疼痛、放鬆並向外釋放身體的力量，才總算熬過去的。

在這三個體驗中，讓我能勉強堅持到最後的，就是呼吸。

在森林中冥想時，為了盡量不將意識轉向我感受到的癢感，我透過長長的深呼吸，成功將意識的焦點集中在呼吸上面。

茶道集訓時也一樣。我數著呼吸的次數，並將意識往那裡集中，盡量不去注意腳部的痛感。

至於在生產時，我則感受到除了疼痛之外，還有把在體內四竄的強大力量，跟著呼吸一起被釋放出來的感覺。

像疼痛和癢這樣的知覺，並不是一種很容易就能忽視的感覺。

擔心的事情和消極的情緒也一樣，即使想無視，也會留存在心裡的某個地方，始終覺得有些疙瘩吧。

但是，擁有這種消極的感覺與情緒，本身並不是什麼壞事。

要做的不是無視它，也不是被它牽著鼻子走，而是要有意識地去感受，並根據呼吸來調整自己的狀態。

為此，希望大家務必試著保有將意識專注在呼吸上的時間。

試著不帶任何目的塗鴉

我以前曾經企劃、舉辦過用毛筆畫畫的研習會。

那個研習會，並不是能學習毛筆的使用方法及繪畫基礎的地方。

正確來說，那是個「不畫畫」的研習會。

需要準備的，只有筆、墨、紙、硯。首先，花二十分鐘左右磨墨，讓心平靜下來。

磨好墨之後，站起來活動身體，然後做放鬆全身的體操。

接著，再度坐下來，把白紙放在桌上。

這時，還沒有要開始畫，就只是注視而已。只要一直盯著紙看而已。

如果什麼也看不見的話，就持續不斷地看下去。

如果覺得忽然看到什麼殘影的話，就拿毛筆把它畫下來。

所謂「不畫畫」，是指放下畫得巧妙、畫得好看、構思過題材再畫等想法，去面對自己的內心，只是隨著手的移動在紙上動筆的意思。

並非有什麼具體的創作動機，也不去評價。

只是用手去感覺毛筆的硬度，感受紙張傳遞給毛筆的反彈力，以及吸氣時肺部的膨脹、吐氣時肺部的收縮，並同時動筆畫圖。

當並非出於什麼目的而畫，而是試著毫無目的地動筆後，參與者都各自收穫了不同的發現。

我將其稱之為「畫筆的散步」。

結束之後，我詢問參與者，是抱著什麼樣的心情而畫的。

有人說，他很在意白紙上的空白，忍不住就想著要把它填滿，並表示：「我從中發現了自己那一本正經的性格。」

另一個人則說：「我在畫畫的時候，不知為何，腦中浮現出懷舊的情景，於是我忍不住就畫了像海一樣的圖案。」

當我們試圖看著某個東西並臨摹它時，總是忍不住想要追求正確的解答，認為必須畫得正確、畫得好，忍不住把意識由內心轉向外在環境。

但是，**如果能不抱持任何目的，透過紙張來面對自己，便能將評價或正確答案這種外在標準放下，看見自己心中珍視的事物之輪廓**。

就如同毛筆在紙張上舞動一樣，希望大家也能嘗試一下「畫筆的散步」。如此一來，你應該也會感覺到自己的心漸漸變得舒坦了。

試著將真實的情緒書寫下來

話語並非只是聲音，它還帶有感情。

「混蛋」也好，「最喜歡你」也好，在自己說出來的話語之中，都會蘊含著當下的情感。應該也有一些情感，是在你把話說出口之後才開始感覺到的吧？

但是在長大成人之後，人們便會開始認為，將自己的情感強烈地表露在外，並不是一件好事。

雖然生存在這個社會上，不隨意吐露個人的情感是一件很重要的事，但如此一來，那些沒有表達出來的情感就會不斷在自己的心中縈繞。

因此，與其將自己的情感以話語來傳達給他人，不如試著以文字傾吐出來吧。

我從國中時期就開始寫日記了。

剛好在那個時候，我經歷了在學校裡遭受霸凌的經驗。

當時並沒有人為我做後盾。那也是一段讓我煩惱著該如何將這種不合理，以及傷心欲絕的心情表達出來的時期。

為此，我想著即使是拙劣的文章，只要能面對自己的情感，並將其轉化成言語的話，我自己是不是就能夠接受了呢。所以，我就開始寫日記了。

在開始這個不是為了任何人，而是為了我自己而寫的行動後，經過數個月的時間，我找到了能夠準確呈現自我感受，又細膩入微的表達方式。那是我第一次被文字拯救。

在人生中，消極的事最好越少越好。

誰都希望如此。但無法如願以償的，正是人生。

不過，我認為**消極的情緒正是能幫助人發現真實自我的重要情感**。

當遇到什麼艱難或痛苦的事情時，請不要笑著壓抑自己的情緒，試著胡亂書寫一番吧。

自己究竟對此感到多麼心碎、多麼受傷呢？試著把它寫下來吧。

因為這不是要給別人看的東西，所以也沒必要把字寫得很工整。

無論是筆記、日記，甚至是智慧型手機裡的備忘錄都沒有關係。請把那裡當成一個

不會給任何人添麻煩、只是在獨自吐露情感，如同聖域般的場所。

寫完之後，看著那些文字，接受自己心中那些揮之不去的鬱悶情緒。

這麼做的話，便能消化並整理那些無法放下的情感。

也許，只是想著「我有一個可以逃避的場所」，甚至都不用書寫下來，也有可能整理好自己的情緒。

消極也好、積極也好，全都是為生活增添色彩的重要情感。

如果能接受自己的情緒、提高調整情緒的能力，之後遇到不愉快的事情時，即使是那些負面的情緒，你也會有辦法把它當成磨練自我感受力的養分。

養成調整自己的日常生活、呼吸，以及心靈的習慣，愉快地度過每一天。

這些習慣將會提升你本來就擁有的感受性，並奠定能發揮出這種感受性的基礎。

第3章

培養感受力之轉換觀點的習慣

擁有感受力的人，總是用與眾不同的觀點來看待這個世界。因此，想出來的點子總是既嶄新又具有獨創性。

這，就是轉換觀點的十一種習慣。

試著反轉看地圖的方式

我們從出生的時候開始，就一直在用自己的眼睛、耳朵、鼻子來感受事物。

從中得到的主觀感受，會造就人的個性。

反之，客觀則是從周圍觀察主體時的情況。正因為有這種客觀，才能夠捕捉自己的立場及理想狀態的輪廓。

舉例來說，假如現在有一幅自己身體輪廓的畫像。

如果將內側塗滿顏色的話，就會浮現自己身體的模樣。

但如果是塗滿外側的話，就會浮現自己身體的留白。

也就是說，**透過觀點的轉換，看到的景色也會發生變化**。

本章要介紹的，就是換觀點的習慣。

如果能掌握有意識地轉換觀點的習慣，便能培養對他人的共感與理解能力，也能開始對事物抱持多元的看法。

如此一來，應該也能開始想像這個世界及時代的發展趨勢。

所謂轉換觀點，指的不僅是從高處俯瞰，還有站在對方的立場、站在第三者的立場、反轉視角等各式各樣的形式。

首先要向大家介紹的，是反轉看地圖的方式。

通常我們在看地圖的時候，主要會注意到的是陸地的部分。

但在某些時刻，可能也會出現反轉，變成以海洋為主要的視覺焦點。

像這樣的現象，稱為「圖地反轉」（Figure-ground）。

舉例來說，「幻視藝術」是一種根據不同視角會產生不同解釋的畫作。

應該有很多人是從小學的美術課上得知幻視藝術。

例如根據視角不同，會看到年輕女性與老奶奶這兩種模樣的《我的妻子與我的岳母》（*My Wife and My Mother-In-Law*）；還有看白底的部分會看到壺，但看黑底的背景卻像是兩張面對面人臉的《魯賓之壺》（*Rubin's vase*）等等，都是知名的作品。

當養成轉換觀點的習慣後，即便是那些雖然之前已經進入過視野，卻沒有注意到的事物，你也能開始把意識轉向其中。

於是，藉由開始注意到那些雖然在周遭卻不曾注意的事物，你會出現意想不到的覺察與發想，或從中產生擁有自我風格的思考。

比方說，松下電器在二〇一〇年推出了一款名為「GOPAN」的產品。

雖然以往也推出過能在家中製作麵包的家電，但這是第一個能將生米研磨成米粉，並接著製作成麵包的產品。

對於很難買到米粉，或者米粉麵包是得在麵包店才能買到，這類被視為理所當然的想法，他們提出了那就從米粉開始製作的發想。

對小麥過敏的人來說，能吃到米粉製的麵包，而且是能在家裡安心地以生米粒製成的麵包，無疑是一項劃時代的創舉。據說，這項產品在販售時，預約諮詢蜂擁而至，就連生產速度也趕不上訂單需求。

雖然在那之後，由於買到米粉變得比較容易的關係而停止生產「GOPAN」，但這項產品的確掀起了米粉麵包的熱潮，也毫無疑問地成為了健康風潮的先驅。

另外，在二〇一三年左右，因業績不振而經營困難的日本環球影城，也思考了一項讓業績起死回生的挑戰。

那就是，讓現有的雲霄飛車向後行駛。

這是透過去懷疑雲霄飛車就是朝向前方行駛的乘坐工具、想要集客就必須要有新的遊樂設施，這類被視為理所當然的想法，以不同角度來看事情而誕生出來的創意。

這個創意大獲成功，成為使業績「V字回升」的要因之一。

要轉換想法，需具備什麼樣的目光呢？

那就是相信**盲點就在近處**。

只要換個角度，最初看到的事物就有可能變成一種看起來完全不一樣的東西。這不僅是在幻視藝術上才會發生的現象，而是在日常生活中也會遇到的狀況。

就像將原本認為是危機的狀況視為轉機，或者察覺到原先以為是負荷的事物其實是珍貴的資源。

新的發現和逆轉的發想，是透過轉換視角而到來的。

試著代入作者的心情來鑑賞作品

現在，ＡＩ等虛擬技術持續發展，甚至也會活用在藝術領域上。

但在另一方面，由人為創作的非電子藝術也存在著不同層次的價值。

那就是，有著人為介入現實世界的痕跡。

因此，透過欣賞由人親手創作的藝術作品，並想像創作者的構思與想法，可以將視角從「觀看者」轉移至「創作者」的立場上。

二〇一六年，大阪市立美術館舉辦了名為「從王羲之到空海，日中書法名家的漢字與假名協奏」的展覽會。

王羲之是活躍於西元四世紀的政治家及書法家。如果是學過書法的人，應該至少都有聽過他的代表作《蘭亭集序》吧。

小時候學過書法的我，也曾把它當作行書的入門來臨摹過。即使是現在，當我閉上眼睛，腦中也依然會浮現開頭的「永和九年歲在癸丑」那悠然的字跡。

令人感到遺憾的是，王羲之作品真跡皆已失傳，聽說現在看到的《蘭亭集序》，是古代用一種叫做「雙鉤填墨」的技法，沿著輪廓精巧地描繪出線條，再填墨複製而成。

在那場展覽會上，除了王羲之的大作之外，還有眾所周知的真言宗創始者空海的書法作品。

於是我就想著既然如此怎麼能不去，便急急忙忙趕往大阪了。

此外，在該展覽會中，還以王羲之為首，盛大展出了從歐陽詢等初唐三大家到近代為止的中國書法作品。而在日本書法作品中，則展出從空海等「三筆」、小野道風等「三跡」，再到以「高野切」[1]為首的平安古筆之名作，以及至江戶時代為止的書法作品。

「三筆」指的是空海、嵯峨天皇、橘逸勢三人；「三跡」指的是活躍於十世紀左右的小野道風、藤原佐理、藤原行成三人。

他們身為優秀的書法家，自古以來就受人崇敬，而在江戶時代，「三筆三跡」的稱號便開始固定下來。

走進會場後，成排的書法作品伴隨著躍動感與強大的能量，同時湧進了我的眼中與心頭。我感覺自己就好像迷失在充滿巨木與巨石的森林之中，如果不使勁站穩腳跟，就會被那驚人的魄力所震住。

我認為，觀看書法作品時，有兩種鑑賞方法。

第一種，是學習書法的意義，或者理解這是為了向誰傳達某件事而發出的訊息，這類以獲得知識為主的鑑賞方法。

第二種，則是去**想像創作者揮毫時的筆順，如同在腦中追溯著從頭開始書寫的筆跡般的鑑賞方法**。

撇、捺、鉤……就像自己成為作者一樣，試著想像緩緩下筆的部分和使勁揮筆的部分，以及要在哪裡調整呼吸、在哪裡屏住呼吸。

---

1 譯註：《古今和歌集》現存最古老抄本的通稱。

於是，甚至能想像到那幅作品被創作出來的時代背景，也能感覺到自己與作者的心情產生同步。

不僅限於書法，畫作和書籍也一樣，透過從作者的角度來鑑賞各種作品，便能更理想地掌握作者的情感及能量。

想必在那之後，你也會萌生出與以往不同的見解與感受。

試著把話語形諸文字

當你年紀還小的時候，有沒有被人提醒過要坦率一點？

這句話似乎已經可以被列入「父母會對孩子說的話前十名」了，所以我想應該有很多人都有過這種經驗吧。

在辭典裡查詢「坦率」的意思，可以得到以下結果：

「不偏執、不違背他人。沒有失去心靈的純真。」

我將其定義為，這也代表著人要以澄淨、不混濁的目光來看事情。

人所抱持的感情中，必然會存在因過往的經驗與知識所產生的成見。

簡單來說，成見就是偏見。

消除這種偏見、保有澄淨的目光，也是轉換觀點的方法之一。

儘管如此，隨著年齡增長，大家是否也越來越難坦率地接受他人的意見呢？

自己的行事作風、長久累積下來的自尊心，這些因素都會在不知不覺中困擾著自己。

例如，對於不喜歡的人所提出的建議，畢竟還是會覺得難以接受。

我們往往很容易扭曲自己的認知，就好比認為對方說出那些話並不是為了我們好，而是為了讓他自己感到暢快、為了給我們下馬威才會說出那些話一樣。

即使同樣一句話，如果是從尊敬的前輩口中說出，也會得到不一樣的感受。

根據說話者的不同，會對那些話產生不同的感受也是理所當然的。

各位是否也曾在職場中經歷過這樣的狀況呢？

這就是存在認知偏誤的狀態。

但有時候，即使是不喜歡的人說出口的話，那些建議本身也有可能是正確的吧。

固執己見、拒絕他人從不同視角提出的意見，最終也會導致自己的感受力變得越來越狹隘。

為此，**請試著把他人提出的意見寫下來，將話語轉換成文字**。

當聽到他人說了什麼之後，暫且先把感受到的情緒擱置在一旁，只挑出那些話的意義，思考一下「這對自己來說是否重要」。

試著用純粹的目光觀察轉換成文字的話語後，說不定就會意外地發現，雖然那些話聽起來很刺耳，但對自己來說卻是很中肯的意見。

拋開情緒、坦率地看待事物，就是最高層次的「俯瞰」。

當然，要接受那些聽來逆耳的話語，並不是一件簡單的事。

不過，不惜冒著被討厭的風險，也要對我們說出那些難以啟齒的話的人，也是種無可替代的存在。

總而言之，要將自己的情緒放在一旁，用澄淨的目光看待這個狀況。

不是透過自己的視角，也不是透過對方的視角，而是試著以俯瞰的方式進行觀察。

當你嘗試用不同的觀點看事情時，也會發現世界上充滿著許多能使自己成長的話語。

試著把碗當成花盆使用

「這個器皿是用來做什麼的？」

到我這裡來挑選器皿的顧客，經常會向我提出這個疑問。

這時候，我總是會把那個器皿放在頭上，並這麼回答對方：

「您也可以把它拿來當帽子哦！」

我一半是開玩笑，一半是認真的。

在眾多顧客當中，有些人想要尊重創作者的理念，認為以違反創作者本意的方式來使用這項物品，是一種失禮的行為。

這是一件十分令人感激的事，但我同時也會覺得有些可惜。

我希望大家務必展開自由的發想，以不同的搭配組合來使用這些物品。

之所以這麼說，是因為我希望這些器皿能拓展購買者的想像力。

「感覺這器皿跟那家店的蒙布朗很搭，就買這個吧！」

「用這個容器種盆栽的話，應該也很適合房間的裝飾吧……」

就像這樣，請試著按照自己想要的方式來使用。

希望在那之後，大家也能以這些器皿為契機，開拓自己的感受力，想著「如果要用盆栽裝飾的話，就買張與它相稱的桌子吧」等等，進一步與新事物展開邂逅，產生連結。

我主導的器皿品牌「SIONE」，十分重視「有故事」這一概念。

作品會依循我執筆的故事來設計花樣。

比方說，會為了將各個器皿組合起來使用而調整彼此的形狀。

以單獨使用的方式來盛裝料理的器皿自不必說，有的器皿既可以當成茶杯碟，也可以當成蓋子，它們都是以能和其他形狀的器皿搭配使用為前提製造的。

除了器皿的形狀之外，它們的故事也能夠結合起來。

就像把畫著風的圖案的器皿，和畫著櫻花圖案的器皿組合起來的話，腦中就能浮現出「櫻吹雪」的景象一樣，會在作品的設計下工夫。

這些設計，就是喚起人們想像力的機關。

在觀賞魔術表演的時候，我們也會想像那些機關和設計，對吧？即使不是如魔術般故意創造出來的事物，這世界上也潛藏著各式各樣的機關。

當打破這個東西理所當然要如何使用的框架後，說不定就會在意想不到的地方出現偶然的機關，也可能會遇上嶄新的發現。

請試著運用家裡的器皿，想一想新的使用方法，或自由地搭配組合看看吧。

在創造自由搭配組合的過程中，一定會產生許多想像。

而身處想像的階段時，你的想法將會充滿無限的可能性。

雖然器皿的使用方法只是一個小小的例子，但如果可以試著轉換那些被視為理所當然的觀點，想必也能看見一個自由又充滿無限可能的世界。

試著將人際關係當成聯繫過去與未來的紐帶

人生中會經歷許多相遇與離別。

有很多人為了累積職涯經驗、提升自身技能而轉職，或是以社群平台為契機而擴展與他人的交流等等。應該說，這是一個越來越容易經歷相遇與離別的時代。

當你在這樣的時代中回顧自己的生活方式時，那些至今為止橫渡過的橋梁，是否仍未崩塌、安好地存在呢？

想要在順利維持一段關係的同時，持續生活下去，並不是一件容易的事。

在結束一段人際關係時，也會經常變成一種感情用事的狀況。有時候，也可能就這樣直接失去聯繫了吧。

但是，**如果不把人際關係看成當下的一段感情，而是以俯瞰的角度，將其理解為「一種聯繫」的話，可能會看到不一樣的景色。**

我二十多歲時，曾在佐賀縣武雄市的陶藝研習所，以及兩家平面設計公司工作過。在這些地方，我分別邂逅了幾位能被稱為師傅或前輩的人物，也有幸從他們那裡學到許多工作上的技能。

在那之後，即使我獨立自創品牌SIONE，也十分重視至今為止與眾人建立起來的關係。

比方說，透過在第一間工作室時與佐賀縣有田町結識的緣分，製作了SIONE的器皿。

另外，還請在第二間公司相遇的前輩設計了SIONE的商標和主視覺。SIONE的網路商店能成功營運，也是多虧了在第三間公司累積的經驗與建立的好關係。

這麼考慮的話，即使說我正是因為一直都很重視與人之間的聯繫、沒有切斷那些關係，才能夠有今天這樣的成果，也一點都不為過。

如果以俯瞰的視角來看我待在這三家公司時的所有經驗，那它就會連成一條名為「我的人生」的線。

接著，從稍微再更上方一點的視角來俯瞰的話，周圍其他人的人生就如同網狀擴展一般，形成了一個世界。

「由你所結下的緣分」和「你不在就結不了的緣分」，這樣的關係都是存在的。

你也沒有必要回顧過去，勉強自己嘗試去修復那些已經惡化的關係。所謂人際關係，既然有開始，就必然有結束。

不過，**請不要只投身在「當下」的情感之中，試著稍微保持俯瞰的視角，將人際關係視為連接過去與未來的紐帶**。

無論是和某人的痛苦回憶，還是一直持續到現在的良緣，全都是造就現在的自己的重要過往。

希望你能認可這些過去，珍惜那些從中獲得的事物，活用在未來的生活方式上。

試著在交談時看對方的眼睛

日本有很多內向的人，感覺很多人在和別人說話時，好像不太會看著對方的眼睛。

據說，在江戶時代以前的日本，認為不和在上位者或身分不同的人對視，才是一種禮儀。

另外，生活在平安時代的女性，則是會待在竹簾的內側，除了已經建立深厚交情的男性之外，不會和其他男性碰面。

但是，請試著培養說話時有意識地與對方四目相交的習慣。

之所以這麼說，是因為如果平常就養成說話時與對方四目相交的習慣，那麼，在自己做不到這件事的時候，就能察覺自己的情緒有異了。

說話時與對方四目相交，這麼做能成為在對話中客觀檢視自己的「氣壓計」。

如果生活在都市圈，應該有很多人會覺得，在每天和這麼多人接觸的過程中，還要一一和其他人對視，或進行超過必要舉止的交流，是一件非常麻煩的事吧。

雖然和朋友說話時會看著他的眼睛，但和店員交流時，不用與他對視也沒關係。說不定也有人是這樣認為的。

另一方面，在某些國家，重視眼神接觸則是主流文化。

特別是在歐美等多民族國家，由於存在多樣的價值觀與文化，來往時很容易產生誤會，所以如果和人對話的時候不看著對方的眼睛，似乎就很容易讓對方產生不信任感，認為你是不是隱瞞了什麼事情。

基本上，無論是跟朋友之間的隨意對話，還是在商務場合中的重要交談，我在與人交流時，都一定會以不造成壓迫的程度，看著對方的眼睛說話。

雖然其中也帶有想要揣摩對方話語中的真義的心情，但用意並不僅是如此。

例如，去便利商店或超市的時候，我也會盡可能與店員對視，試著向對方傳達「感謝」的心意等等。

如果養成了這樣的習慣，當自己無法看著對方的眼睛說話時，就會發現自己的心情

正處於異常狀態。

也許是對方太有壓迫感，或者是覺得自己好像被看穿了，也可能是對自己所說的話感到愧疚。

由於這可以讓你從俯瞰的視角來認識那些你不禁會逃避的心理狀態，因而可以藉此進行改善，或開始注意問題以便調整這種狀態。

我們不能毫無顧慮地直盯著不認識的人看，但如果你在打招呼或感謝他們的時候，我認為能夠看著對方的眼睛並表達你的心意是件好事。

這不僅能俯瞰自身的狀況，想必也能從中展開小小的交流，讓場面變得更加愉快，生活也過得更加舒適吧。

試著在暢所欲言時停下來

雖然上一篇提到培養「看著對方的眼睛說話」這個習慣，但是要像這樣以客觀的角度看待和別人說話時的自己，並不是一件簡單的事。

與他人對話時，需要理解對方所說的話、讀懂對方的表情、思考自己要說的話等等，各式各樣的思考會同時在腦中打轉，往往會在不知不覺中就無法冷靜地應對。

特別是在接受他人的提問，或者被要求提出建議的時候，就會不禁產生顧慮，想著：「必須言之有物才行。」

我也經常接受他人的諮詢，每當面對這種情況時，我會非常重視一件事。

那就是，**如果感覺到自己說出來的話讓自己心情越來越好的話，就停止繼續說下去。**

因為那個時候的自己，正被自尊心和渴望受到認同的心情所影響。

你有沒有遇過這種情況呢？當別人向你徵詢意見時，雖然一開始是為了幫助他人而展開的對話，但不知不覺中你就沉迷在講述自己的英勇事蹟、沉醉在自己的世界裡。

把對方的心情和事由拋在腦後，忍不住就開始一直講著自己的經驗和正義感。我想，從中途開始，那場對話就已經不再是為了對方，而是變成為了自己而講。

人類擁有渴望被認同這種本能的欲求。

這是一種希望能得到別人的肯定、想要被他人稱讚，意即希望自己的存在得到認可的心情。這是只要是人都會有的本能上的情感。

也因為這個關係，很容易就會忍不住想要拚命努力讓自己看起來更好。

但是，縱使那些出於渴望被認同而說出口的話，是多麼正確的言論，都無法傳遞到對方的心裡。

不如說，那反而會成為一種暴露自身軟弱的發言。

我在和別人說話時，如果感覺到自己的心情越來越好，認為應該再多說些什麼的時候，就會試圖讓自己暫時停止繼續說下去。

當一個正在說話的人感覺自己心情變好時，大概都是在喋喋不休地說一些講理的正確言論，或是表達他的情感，以及講起過去的經驗談的時候。

最近，越來越多人會在別人並沒有提出要求的情況下，擅自提出自己的建議，讓對方感到困擾。

向他人傳授些什麼，是一件如此令人感到快樂的事情，而在對話中試著俯瞰自己卻是十分困難的。

如果能好好關注自己的身心狀態，就能知道自己在說話時是否感覺心情變得愉悅起來。

情緒在無意間開始激動起來，說話的速度也變得越來越快。

即使不用腦子去想，也會沒完沒了地不斷冒出各種言詞。

遇到這種情況時就要注意了。請試著停止說話，改為當聆聽者吧。

比起談論自己的事情，更重要的是傾聽他人的話語，並好好感受對方的情緒。

試著學習不同的語言

如果能走訪國外，即使只是短暫的旅行，也能夠改變自己的觀點，打破在日常生活中累積下來的既定觀念。

「原來我所認為的常識，並不是普世的常識。」就像這樣，能夠讓我們明白那些自己原先不知道的事情。

即使為了顛覆我們基本的思考方式與價值觀，並賦予自己嶄新的觀點，也請試著吸收異國的文化。

以前我拜訪西班牙時，抬頭仰望的天空就宛如用原色的顏料直接塗抹上去一般，是比日本的天空更濃、更鮮明的藍色。

這也讓我明白，日本的天空和西班牙的天空相比，是偏淺且偏混合色，總而言之，是更接近水藍色的顏色。

根據這個經驗，也讓我知道世界上的「天藍色」有著各種不同的標準。

英國的天藍色，可能是更接近白偏灰的顏色。

彩虹也是。雖然彩虹在日本有七種顏色，但在國外則是六種顏色。

樹木的顏色、街道的顏色、蔬菜的顏色，還有各地的文化，這些都會影響當地人的思考方式。當氣候與風土存在差異時，不僅是顏色，理解世界的方式也會產生相應的多樣變化。

也就是說，包括環境和文化，以及至今受到的各方面影響等所有要素，都會像薄薄的紙一樣，層層堆積，成為那個人的根基，造就他的思考及感受力。

就像天空顏色的差異一樣，看著完全不同的事物長大的人，說不定連對美感和善惡的標準也會存在差異。

所以才會說，觀察與本國文化不同的事物，會為人帶來新觀點。

不僅如此，除了環境和文化，價值觀也會透過言語形成。

為此，**透過學習不同的語言，也能學習使用那些語言的人的價值觀與國民性**。

我曾有過這樣的經驗。本來聽某個人用日語說話時，覺得對方看起來十分穩重，但聽到他用英語說話時，就覺得他好像變了個人似的，性格都變得積極開朗起來。

相對於日語會將否定或肯定的詞語放在文章的最後來表示，英語則會將它們放在文章的開頭來表示。根據這類語言特有的表現和語序的差異，以及手勢的不同等等，大概也會讓性格看起來有所不同吧。

甚至可以說，藉由開口說英語，也能讓自己追溯使用這種語言的人所具有的民族性與價值觀。

就像這樣，試著學會不同的語言，就能學習使用那個語言的文化圈的思考及價值觀，也能開始以不同的視角來理解這個世界。

畢竟，我們也會希望自己成為一個無論活到多大年紀都依然持續學習，並透過接觸以往不曾見過的文化與價值觀，不斷磨練自身感受力的人，對吧？

試著學習修補器皿的技術

有些物品一旦壞掉，就無法再恢復原狀了。這是不可逆的變化。

尤其當平常經常使用、對它懷有感情的器皿破掉了，會令人感到十分可惜。

雖然因為工作的關係，我已經對器皿碎裂這件事習以為常了，但那種碎裂的聲音，依然是我不想聽到的聲音之一。

不過，日本自古以來就存在修繕器皿的技法。

最近蔚為話題的「金繕修復」法，消除了一般人對器皿破掉時抱持的負面印象，並為缺陷賦予嶄新的觀點。

金繕修復法是日本的傳統技法，它的做法是用生漆來修補損壞的器皿。

很多人會因為「金繕」這個詞而認為它是用黃金來修復器皿，但實際上大多都是以生漆來進行修繕的。

因為是用生漆修補後，再將生漆的表面塗撒金粉等金屬粉末，裝飾得光彩絢爛，所以才會被稱為「金繕」。

簡單說明一下金繕修復法的程序。

首先，將生漆和土或砥粉等材料混合，把混合好的成品當作黏著劑或填補劑來使用，然後把器皿破裂的碎片接合在器皿的主體上。

接著，分成數次填補接合的裂縫部分，並且在每次填補後，都要把器皿放到一個叫做「漆室」（ムロ）的溼度管理室等待乾燥。

最後，透過在修復的地方塗上生漆、撒上金粉的程序來完成修繕。

每次在塗過生漆之後，都必須把器皿放到漆室，花上數日至一個星期的時間乾燥，如果沒有完全乾燥，就不能進行下一個步驟。因此到完成為止，也可能會花上數個月的時間，是一項非常耗工且耗時的作業。

不過，我也再次感覺到，**這種在破損的地方塗撒上金粉，特意為它做裝飾，並把它**

當成「景色」來欣賞的文化，實在是十分獨特。

一般來說，傷口難道不是讓人想隱藏起來的地方嗎？

並非傾慕完美之物，而是傾慕缺陷之物的美。

並且，就連進行修復的過程也都樂在其中。

總覺得，**這種如自省、自癒般的作業，跟在漫長的人生中反覆進行的日常活動也十分相似。**

如果是從環保的觀點來看，「在珍惜物品的同時，修復著使用」這樣的思考方式，也正在成為主流。

當然，好好珍惜使用物品，使其不受損壞是很重要的。不過，我是這麼想的：

有形的東西，必然會發生變化。

無論是金繕修補過的器皿，還是破裂的碎片，當我們的生命終結時、在這個文明消失後的未來，它們一定會繼續留存下來。

有形的東西總有一天會損壞，人也一樣會逐漸衰老。

沒有必要把過去的美好時光永遠留存在心中，也沒有必要為了這些變化而感到哀傷。

透過學習金繕及其精神，能學到**不對過去感到惋惜、總是肯定當下、積極朝向未來邁進的觀點**。

金繕教我們擁有懂得欣賞變化，以及想像時間線的視角。

試著持續問「為什麼？」

升學、就業、結婚……人的一生中會站在許多分岔道上。

雖然始終都想要按照自己的本心來仔細地進行選擇，但自己既是最貼近自己的那個人，也是最不了解自己的那個人。

為此，我在這種時候都會不斷問自己：「為什麼？」

我為什麼要選擇這個職業或公司呢？為什麼會選擇這個人當結婚對象呢？

反覆探究十次「為什麼？」的話，就可能到達自己的內心深處。

這種方法就是為了掌握內心真正的情感、掌握當下的處境，而透過不同視角來進行探究。

詢問自己「為什麼？」的時候，重要的並非次數。

重要的是，持續不斷追問自身的情緒，直到它們變得更加具體，無法被你的「為什麼？」進一步分解為止。

我將這個想像成直到變成**質數的答案**為止。

我平常會用陶瓷器這類素材來製作、呈現我的作品。

因此，現在就假設我提出「對我來說，陶瓷器是最適合我拿來表現的素材嗎？」這個問題好了。

對於「是否要繼續使用陶瓷器來製作呢？」這個問題，我如果試著寫下幾個要繼續的理由，和幾個不繼續的理由後，又會繼續對每個問題提出「為什麼？」的質問。

例如，對「只有使用陶瓷器這種經久耐用的材料才有辦法流傳下去」的理由提出疑問後，接著就會引出「那是否即使不是器皿也可以流傳下去呢？」這個問題。

如果對「正因為它是能經久耐用的材料，所以才有辦法超越時間的概念」的理由提出疑問，就會意識到，無論是書籍還是電影，有些工作一定能跨越時間、傳達給未來的人，並開始產生為什麼要堅持在製作陶瓷器上的疑問。

就像這樣，如果能以一個採訪者的身分，對另一個自己緊緊追問到底，最後應該也能得到令人服氣的答案才對。

這就是「質數的答案」。

在繼續提問的過程中，說不定也會察覺到，自己目前的努力是為了爭口氣給某個人看，或者是想讓某個人回心轉意。

那個充滿自尊心或自卑感、不想承認的自我，說不定會就此現身。

不過，那也是堂堂正正的自我，完全沒有必要感到羞恥。

如果掩蓋內心真實的想法，而是從觀感、面子，或他人的角度來考慮事情的話，那麼等到哪天事情不那麼順利時，就會很容易把責任推到他人身上。

既然如此，不如換個視角，揭露隱藏在自己內心的真正想法吧。

這麼做的話，就能做出真正符合自我感受力的選擇，並對自己的行為負責，向前邁出步伐。

試著懷疑你人生中的初始設定

所有的「理所當然」，都是由某人創造出來的。

試著轉換一下視角，懷疑你人生中的「初始設定」吧。

迄今為止，本章已經介紹過幾個轉換觀點的方法。但現在說的這一點，可說是掌握轉換觀點的習慣之集大成的項目。

會這麼說，是因為如果能對常識抱持懷疑，站在「一切都是可能改變的」的視角來看事情的話，人生也許就會發生一百八十度的轉變。

說到底，我們本身的常識，究竟是從什麼時候開始形成的呢？

出生、成長、父母的意見、身邊的人、居住的地區、國家的常識……我們學習了許多大小不一的「理所當然」。

也就是說，自己認為是常識的那些「初始設定」，只不過是父母、老師，以及居住在那個地區或國家的人民，這些偶然存在於我們周遭的人士所認為的「理所當然」而已。

雖說如此，學習「理所當然」的基準，也是一件非常重要的事。

在日本學習傳統技藝的世界中，有一個表示學習階段的詞語叫做「守破離」。

「守」是忠實地學習並遵從老師或流派的教誨、規範、技能。

「破」是把學到的規範當作基準，自己開始學習新事物的階段。

「離」是開創出自己獨特的新風格。

在茶道或其他技藝的練習中，首先會教導「規範」的理由，是為了要將基準深植於身體之中。

即使最終要開闢獨自的道路，如果沒有這個「守」的話，你便會被認為是個有失體統的人。

我認為，人生也同樣呈現這種「守破離」。

在幼年時，我們便會根據周圍的人和受教育時被教導的事物，建立起自己的「理所當然」。

而到了青春期，我們便會把孩童時期接收到的「理所當然」當作基準，進入一個由自己創造的「理所當然」的階段。

這是包括在道德觀的層面中，重新進行自我思考並尋找答案的過程。

然而，人在成長到一定的階段後，便很難再度重新審視那些已經形成的「自己的理所當然」。

所以，才需要有意識地去懷疑「初始設定」。

重要的是，無論活到多大年紀，都要以「守破離」的精神，試著「徹底用自己的頭腦來思考」。

或許你會覺得懷疑人生所有的前提是一件非常麻煩的事。

那倒是沒錯。

把至今為止認為理所當然的事情，重新思考到你能接受為止……

用自己的頭腦思考，的確是一件麻煩的事。

但是，像這樣**切換視角並俯瞰四周，超越所謂的常識之後，你所看到的自己的判斷基準，就是你的感受力。**

只有持續用自己的頭腦思考，才能看到屬於自我的感受力。

第4章

培養感受力之保持好奇心的習慣

擁有感受力的人，有旺盛的好奇心，追求感到好奇的事物。所以能建立新價值觀和獲得新知，也能夠加深自己的思考。

這，就是保持好奇心的九種習慣。

試著把家鄉的名產當作伴手禮

近年來，互相寄送賀年卡已經不再是年輕人普遍的習慣。印在賀年卡的全家福照片中，有那些一年比一年大的孩子們；以及寫著「我們過得很好哦」、「孩子長大了哦」等一家人的近況報告。只靠這一年一度的消息來維持聯繫的關係，是一種良好的日本文化。但現在，這類近況報告的聯繫，已經被社群平台取代了。或許，諸如「新年快樂」、「今年也請多多關照」等，在形式上交換賀年卡的風俗，已經不再有什麼意義了吧。

雖然不是要取而代之，但要不要試著相應地看重中元和歲暮送禮的文化呢？會這麼說，是因為挑選禮物送親友，是一個將關注的目光轉向家鄉的大好機會。

情。

在中元時，有個起源自中國的習俗，就是送禮給平時關照過自己的人表達感謝之情。

在中國的農曆中，有分成一月十五日的上元、七月十五日的中元、十月十五日的下元，這三個節日。而七月十五日的中元，被認為是向神明獻供的人得到赦罪的贖罪日。

一般認為，這個中元的風俗習慣與日本的盂蘭盆節習俗結合後，形成互相贈送禮物的習俗。

另外，歲暮贈禮則是在年末時，為了祭祀祖先而展開的例行活動，源自在「御靈祭」[1]中將供品贈送給家族近親的風俗。

無論哪一種，都是祈禱身邊關照過自己的人能平安無事，並懷著感恩的心意將禮物贈送給對方。

要不要試著把家鄉的名產或特產，當作中元或歲暮的禮物贈送出去呢？如果抱持好

1 譯註：日本習俗，從年末到正月舉行的活動，用以祭祀每個家庭中的祖先亡魂。

奇心去找找看的話，說不定也會產生一些意想不到的發現。

比方說，你知道被認為是東京名產的「佃煮」[1]，其實是源自大阪嗎？

由於佃煮的發祥地位於東京隅田川河口一座名為「佃島」的島上，所以才會如此命名。

不過，這座島嶼被稱為佃島的由來，可以追溯到德川家康時代。

當初是因為現在的大阪市西淀川區「佃」這個地方（以前的攝津國佃村）的漁民移居到這裡來，才會取名為佃島。

也就是說，原本由大阪出身的漁民製作的東西，成為東京的名產。現在已經不僅限於東京，到處都買得到的佃煮，其實根源是來自大阪。

如果試著調查一下自己居住的地區，說不定也會在意想不到的地方發現這樣的關聯。

此外，把自己引以為傲的特產送給他人的話，也會在對方的心中留下印象。

比方說，滋賀縣近江八幡市的名產「紅蒟蒻」，它的顏色與一般灰色或白色的蒟蒻不同，是像磚塊一樣的紅色。

這是由氧化鐵所製成的，味道和一般的蒟蒻沒有什麼太大的差別。

它的由來有諸多說法，例如仿效織田信長的紅色陣羽織[2]等等，而它也具有讓人看過一次就忘不了，會留下深刻印象的視覺衝擊。

看到紅蒟蒻時，我就會聯想到那個充滿風情的城下町[3]，並想起送禮給我的那個人。

即使不是全國性的也好，只要試著尋找看看，說不定就能找到具有當地特色的名產。

我在中元或歲暮贈禮時，每年都會盡可能贈送同樣的東西。

當然，根據每個人的喜好，多少也會改變一下禮品的內容，但這麼做是因為我總是

1 譯註：用醬油和砂糖熬煮成黏稠狀的料理，大部分是以小魚、貝類、海藻等食材製成。
2 譯註：近代武士在出陣中穿在鎧甲外的和服罩衫。
3 譯註：日本古代的一種城市型態，是以領主的居城為中心發展起來的城鎮。

想到，如果我贈送的禮物，也能成為對方家中具有季節性的象徵就好了。

無獨有偶，也有人在每年的同一時期，把同樣的物品當作具有季節代表性的禮品贈送給我們家。

收到當季水果或各地特產的時候，我們會一邊在餐桌前品嘗這些美食，一邊熱絡地談起送禮人。然後撥通電話給對方表達感謝，也會久違地聊起天來。

與此相同，光是想像在那個象徵著日常生活中的微小幸福的餐桌上，說不定也有人會談論起自己的事情，就會感到十分雀躍呢。

讓人覺得「品味真好啊」的人，會知道家鄉自豪的特產，及其相關故事。

與其贈送全國性的人氣商品，不如藉著中元和歲暮的機會，試著把目光轉向家鄉的特產吧。

以贈送當地特產為契機，說不定也能開始對自己成長的根源感到自豪。

試著探究周遭事物的深奧之處

不僅限於藝術作品，無論什麼樣的世界，都存在著歷史與文化。

如果能試著保持好奇心去接觸身邊的事物，應該也能從中發現自己原本不知道的世界。

總而言之，**對事物保持好奇心，就等同於站在新世界的入口**。

所以，請先試著對身邊的事物懷抱好奇心，並觀察一下它們吧。

以茶的世界為例。日本有許多地方產茶，而且已經形成茶道、煎茶道等體系化的文化。

然而，在這個無論何時都能在便利商店買到高品質瓶裝茶的時代，茶已經逐漸成為一種讓人緩解口渴，而不再是讓人細細品味的飲品了。

說不定，現在也有很多人的家裡已經沒有茶壺了。

雖說如此，對早已熟習的日本文化抱持興趣，理應更具有能培養自我感受力的契機才對。

為此，要不要試著踏入日本茶的世界呢？

雖然簡單用「日本茶」來統稱，但日本茶的種類也十分繁多，而且無論是適合萃取的水溫，還是使用的器具，也都各有不同。

就算想著「好，我要來學了！」而買下大量書籍，然後坐在書桌前試圖記下茶的種類，也可能感到挫敗而放棄。

應該也有人會因為覺得茶的種類太多，不知道該從哪種茶開始品嘗才好，而感到十分苦惱吧。

對於有這類想法的人，首先，我想請大家務必嘗嘗看「玉露」這種茶。

因為玉露是日本茶中最溫和、最精心製造而成的高級茶，它也可以說是日本的茶中之王。

在栽培玉露時，會用一種叫做「寒冷紗」的布來遮擋陽光。在日光稀少的環境下，由於尋求陽光的茶葉會增加葉綠素的關係，所以綠葉的顏色也會變得更濃、更深。

而且，除了喝起來不會有澀味，風味也會變得更加濃郁。

泡茶的時候，先用茶盅等器具把熱水放涼到五十五度，然後再用少量放涼的水，花上兩分鐘至兩分三十秒的時間慢慢泡茶。

在低溫下，能將賦予茶風味和甘味的胺基酸輕鬆萃取出來，這就是能最大限度發揮玉露美味的祕訣。所以會在低溫的狀態下泡茶，也是有其原因的。

其風味就如同高湯般凝結著茶的美味，甘甜濃郁，附著在舌頭上。

與其說那是飲料，倒不如說就像食物一樣濃厚，是一種宛如能稱做「美味爆彈」的茶飲。我第一次喝到這種茶的時候，覺得它已經顛覆日本茶的概念了。

而在日常生活中人們比較熟悉的「番茶」，則是休閒茶的代表，即便是用剛煮沸的一百度熱水，也可以輕鬆美味地沖泡完成。

番茶通常是用茶葉被稱為「一心二葉」的部位製成的。那是剛長出來的、最柔軟的新芽，也是從茶樹最上面數來的三片葉子。

新芽被採摘過後再生長出來的芽，也就是二番茶，以及再接著生長出來的芽，也就是三番茶，皆被統稱為番茶。

番茶的咖啡因含量較少，以喝了對身體好而聞名，是避免攝取咖啡因的孕婦和孩子也會飲用的茶品。

在京都，說到番茶時，指的是把所有莖和枝削掉的茶葉用大火炒過、充滿獨特煙燻香氣的「京番茶」。

我非常喜歡京番茶，它和油脂豐富的鯖魚壽司十分搭配，可以清爽地洗去口腔中的油膩感，並留下芬芳的香氣。

茶葉也會根據茶的種類而有各種不同的製法。

如先前所述，玉露是透過遮擋陽光的方式栽培，接著再將茶葉蒸過並揉製而成。而煎茶在採茶後的製程雖然是相同的，但栽培的時候則會讓茶葉照射到陽光。

至於抹茶，在蒸過後會不經揉搓直接放入爐中烘乾，首先製成「碾茶」的狀態，之後去除葉脈和莖部，再以石臼碾磨成粉末狀。由於能夠直接攝取葉子的成分，是非常健康的茶種。

除此之外，茶還有分為「冠茶」和「紅茶」等其他種類。本篇無法將所有茶種都介紹一遍。

無論是哪一種茶，共同點都是除了味道以外，包括製作過程、顏色、香氣、溫度、口感、器皿，還有搭配的料理等等，皆是能充分利用五感來享受的深奧文化。

而且，在等待茶品泡好之前，那段期待著要享用茶飲的悠閒時光，以及透過茶所產生的對話，還有人與人之間的聯繫等等，這些為人們帶來的新體驗、新境界，也是茶的好處之一。

如果具備與茶相關的知識，那麼在拜訪他人時，說不定也能使對話變得活絡起來。

說到這裡，是不是也有人想體驗一下這樣的世界呢？

雖然絕非所有的茶都是價格便宜的茶，但希望大家務必嘗試一下，為自己打開日本茶文化的大門。

茶是一種很細緻的飲品，即使只是泡茶方式不同，也會使味道產生變化。

在學習泡茶方法的過程中，可能會開始思考「這是怎麼製成的？」，或是為了泡出好茶需要使用什麼樣的茶壺與器皿，以及什麼樣的點心適合搭配這一種茶，還有其他更深更深的疑問……在好奇心的驅使下，人也會完全沉浸到那個世界裡。

不僅限於茶，**請試著把好奇心轉向身邊的事物，或者那些雖然覺得有點興趣，但以往總是在沒嘗試過的狀態下就拒絕接觸的事物上**。

單純只是「知道」，和實際購買、使用、嘗試過，這兩者之間存在天壤之別。想必這一步之差，就能讓你遇見一個嶄新的世界。

試著了解日常用具的使用方法和意義

透過將興趣與關注力轉向身邊的事物，我們不僅能接觸到那些事物的本質，還能獲得更深層的文化涵養與建立價值觀。

相較來說，由於我的老家是個非常講究禮節的家庭，所以我從小就被徹底教導吃飯時該遵守的規矩。

但多虧了這些教育，我才能明白日常生活中用具的使用方法與意義，從此興趣範圍也變得越來越廣。我尤其記得，在這些禮節中，我們家對拿筷子的方式要求特別嚴格。

在筷子的使用禮儀中，充滿許多禁忌，甚至還因此出現「拖動筷」[1]、「猶豫筷」[2]、「豎立筷」[3]等各種不同的用語。

為了盡量不弄髒筷子，一般認為在使用筷子的時候，最好以筷子前端一公分左右為基準夾菜。

如果因為夾取食物而弄髒筷子，除了看起來不美觀，使用筷架的時候，筷架也會跟著弄髒。

除此之外，我們被教導拿取筷子的方法共分為三個步驟。

首先以右手從上方拿取筷子，接著以左手托住已拿起的筷子的中央，然後再將右手轉向下側拿好筷子。

當習慣之後，就能非常自然地完成拿取的動作，並不是什麼難事。

只是，如果想用身體記住這種感覺，不必多加思考就能辦到的話，就得持續在每一次的行動上都保有意識去進行。

我們平常使用的用具也都存在著文化和禮節，只有了解這些，才能自然而然地呈現美妙的動作。

除了筷子的使用禮儀，日本人也很重視吃飯時的禮節。其中一個原因，也是源自以禪宗為首的宗教性理由。

茶道中源於禪宗飲食禮節的茶會，會將飯碗、湯碗、向付這三個食器，放在名為「折敷」這種邊緣高起的方形膳盤上端運[4]。

這三種食器會使用到餐事的最後一刻，在吃完所有料理後，以醬菜刮乾淨碗內的食物，同時會把「湯桶」，也就是在淡鹽調味的熱水中放入鍋巴的湯品，倒入這三個食器中，然後把食器中殘留的湯水全都一起喝乾淨，絕對不會出現殘留食物的行為。

因此，在茶會的懷石料理中，基本上不會出現只為了讓盤子盛裝得更加華麗而無法吃完食物的裝點。

這種講究要乾淨漂亮地吃到最後一刻的規矩，就是出自禪宗的飲食禮節。

像這樣，**透過了解身邊事物蘊含的意義，甚至能想像其文化、精神、宗教觀，以及對美的感受力**。

如果能試著查詢筷子或器皿等日常生活中的用具所代表的意義，或是它的正確使用方法，想必也能從中開拓意想不到的世界吧。

---

1 譯註：用筷子將遠處的盤子拖到自己面前。

2 譯註：因為不知道要夾哪一道菜，而拿著筷子在料理上猶豫不定。

3 譯註：把筷子插在飯上。

4 譯註：在懷石料理中，會將飯碗擺在「折敷」中的左前側，湯碗擺在右前側，向付則擺在後側，向付中的配菜大多會是生魚片或醋拌魚貝蔬菜。

試著喜歡語言的餘韻

能打動人心的文章是會留有餘韻的。所謂餘韻，也可以說是留下解釋的空間。

比方說，商品說明書或商務報告書等等，都是以事實為基礎寫成的，所以不需要具有餘韻。這類文件如果能被解讀成多種不同的意思，是會產生問題的。

但是，像詩或小說等文學作品，則是會在閱讀之後，產生宛如與作者的內心產生餘音迴盪般的情感共鳴。**「作者寫的這句話是什麼意思呢？」思索這個問題的同時，正好能培養你的感受力。**

在當今，通俗易懂的句子往往更受青睞。但有時候，也請試著接觸那些還留有多種解釋餘地的文章，試著喜歡上言語的餘韻吧。

其中，也有用「究極的減法」，最極致的簡約技藝寫出來的文字。那就是「短歌」。

短歌是用被稱為「三十一文字」的「五・七・五・七・七」句體寫成，以有限的音拍數來表現的形式，也是一種具有代表性的日本文學。

正是因為音拍數被限制，所以要選擇什麼詞語、要省略哪個詞語，才會變得如此重要。

人會變得特別想開始寫些情感性的文章，正是在對誰產生愛意的時候。

平安時代的情侶，為了在三十一個文字裡傳達對戀人的情意，便以太陽來暗喻「我」、以月亮來暗喻「你」、以川流來暗喻「命運」，藉此吟詠和歌。

雖然在平安時代，有不喜歡太過直接的表達方式的風俗，不過，收到他人贈歌的人，應該也有著能從那些比喻的文字，以及受限詞語的字裡行間中，想像並解讀對方心情的能力吧。

吟詠短歌的難度可能有點高，但**要不要試著將詞語隨機組合，玩玩文字遊戲呢**？

接下來，我要跟大家介紹，如何利用寫有狀聲詞的卡片來撰寫文章。

就像閃亮亮、心蹦蹦跳、硬邦邦等等，日文中存在許多狀聲詞，據說數量至少達到兩千個以上。

所謂狀聲詞，是表示事物狀態的擬態語（胖乎乎、滑溜溜等）、用文字來表現聲音的擬音語（哐啷、撲通等）、表現人或動物聲音的擬聲語（狗叫的汪汪聲、豬叫的嚄嚄聲）等詞語，以代替形容詞或副詞。

讓我們把這些狀聲詞和其他詞語組合起來，試著創作一篇文章吧。

首先準備約五十張卡片，把影印紙裁小張一點來用也沒關係。

接著，在這些紙上寫下詞語。

例如笑、生氣、安慰、唱歌、走路、發麻、趕上、連接等動詞。

接著再寫上咯咯笑、黏呼呼、簌簌、悄悄睡、軟綿綿、吱吱響、啪啦啪啦、咚咚等狀聲詞。即使是不怎麼熟悉的表達方式也沒有關係。

除此之外，再寫上各種詞語，比方說跟你一起、我的、你的、夢中的、真的、太陽很、往海裡、索性就、所以說、那才是、正中紅心、是啊、總有一天等等。

接下來，從中挑出三張卡片，將它們自由組合起來創作文章。

「跟你一起／是啊／總有一天」

「所以說／那才是／正中紅心」

「索性就／笑／咯咯笑」

我想，一定會完成一篇奇妙的文章。

但是，在這三組詞語的字裡行間，難道不會勾起各式各樣的想像嗎？

如果是「跟你一起／是啊／總有一天」這三個詞語，你會有什麼想法呢？

要是我的話，就會忍不住回想起某個人的事。

如果是「索性就／笑／咯咯笑」這三個詞語，則可以感覺到即使本人並不處於能笑出來的狀態，也還是會想著「索性就給它笑出來吧」的那種爽快心情。

運用平常不會使用的詞語，展開意想不到的搭配組合，可以擴展我們的想像力。

首先，試著用這樣的方式，從組合各種詞語開始，以富有餘韻的文章來玩玩看。

如果開始對有餘韻的詞語產生興趣的話，不妨也試著踏入短歌的世界。

那是個只能用規定好的字數來表達的世界。

深思詞語的意義、將表達刪減到極致、從字裡行間開始擴大想像的那個世界，一定能提高你的感受力。

試著停止說「我知道了」

「我知道了」和「非常抱歉」，是危險的話語。

之所以這麼說，是因為這個世界上有很多事情都會讓你自以為「我知道了」。

當自己有過失時，首先要表達自己對這件事的理解，並為此做出道歉。這是極為普遍的對應方式，無論是在家中還是商場上，都不會改變。

想必這是每個家庭都會從孩子年幼時就徹底實行的教育吧。

但是，道歉和理解是不同的。

因為過度把「用道歉來圓場」放在優先順位，所以即便不理解問題出在哪裡，還是會先說出「我知道了」。像這樣的狀況不是很常見嗎？

或者，假如只根據自己以往體驗過的模式，把事物概括化，當作自己已經理解了，難道不是太可惜了嗎？

如果真的因為這樣就以為自己已經理解了，那麼往後也不會再收穫、吸收更多新事物了。

所以，請試著不要輕易說出「我知道了」這種話。

我開始思考關於「知道了」這句話的契機，是因為我在以前參加過的禪學講習會上，聽和尚說了句「何謂知道了」。

體會及領悟的心理狀態，被稱為「證得」。釋迦牟尼在開悟的時候，究竟是什麼樣的心境呢？

在「超越迷惘的世界、領悟真理」的前方所存在的，是生活在現代的我們所無法估量的境界。

可惜的是，我們無法到達悟道的境界。至少對我來說，光是意識到自己可能有一百零八種以上的煩惱[1]，就已經精疲力盡了。

不過，這也意味著我們無論到何時都能向前邁進、持續成長。

大家所知道的事情、所明白的事情，真的已經達到無法再了解更多那般，「完全證得」的程度了嗎？

在這個世界上，究竟有多少其實只是自認為已經了解的事情呢？

如果保持著這樣的意識來思考的話，那當快要被超越常理的知識漩渦所吞沒的同時，會不會也能稍微對這個充滿未知的世界感到些許興奮呢？

認為自己「已經知道了」的時候，也代表著你封閉了自己對未知事物的理解，封閉了能引發好奇心的冒險入口。

由於總是會忍不住以自己的體驗來概括所有事情，所以又在不知不覺中封閉了與其他知識和魅力邂逅的可能性。

這麼考慮的話，就不會再輕易說出「我知道了」。

只要不親手封鎖這些可能性，就有辦法打開好奇心的大門，從全方位展開深度吸收，提高自己的感受力。

1 譯註：佛教中認為人生有一百零八種煩惱。

試著根據季節更換香水

每天勞碌過生活的我們，在忙於應付家事和工作時，一天就這樣過去了；在忙於處理季節性的例行活動時，一年就這樣過去了；然後在做這些事情的時候，一生就這樣過去了。

即使懷著好奇心，日日吸收一點新知，如果沒有積累在自己身上，它們也不會被釀造出成果，不會成為感受力的基石。

為此，**讓我們運用香氣本身的能量，提高吸收新知的品質吧**。

有一說法認為，香氣和記憶是緊密相連的。

丹桂花的香氣、香水的香氣、草本植物和辛香料的香氣，你有沒有遇過因為這些香氣的關係，而回想起很久以前拜訪過的地方的經驗呢？

我目前使用的陶藝用金色顏料，聞起來刺鼻且具有揮發性，並散發著甜甜的獨特香氣。這種甚至已經滲透手中的香氣，會讓我想起製作陶瓷器時的光景。

在文豪普魯斯特寫的小說《追憶逝水年華》中，也有過這樣的描寫：

「現在家中庭園的所有花卉、斯萬先生庭園裡的花卉、維馮納河中的睡蓮，以及善良的村民和他們小小的住所、教堂，還有整個貢布雷及其周遭，全都有形狀和實體，無論是街道還是庭園，全都從我這一杯茶中湧現。」

這是主角將瑪德蓮蛋糕浸泡在紅茶中之後，聞到那個香氣的瞬間閃現出童年時光的描寫。

不只對香氣的記憶，還伴隨著強烈的幸福感，與鮮明的情景一起從一杯茶中湧現出來。

多麼富有風情的描寫啊。我對於原來這就是從香氣中喚醒記憶的表現感到驚嘆不已，實際上，應該也有很多人都體會過這種從香氣中回想起往事的經驗吧？

覺。

就像前文所述，在五感之中，嗅覺可能是與過去的記憶有著最緊密連結的一種感覺。

那麼，為什麼過去的記憶與嗅覺容易產生連結呢？

雖然這是我自己的推測，但我想，除了大腦會根據香氣做出「這個腐壞了」等判斷之外，身體也會產生「這樣很危險」的反應。如果香氣沒有和記憶產生連結的話，我們說不定就會犯下與過去相同的錯誤，從而失去性命。

為此，才會根據過去所感受到的那種氣味來喚醒記憶，試圖回想起過去的經驗來迴避危險吧。

嗅覺，正是生物在生存中不可或缺的重要知覺。

試著運用這種知覺，隨著季節變換使用不同氣味的香水，把它和每天的記憶連結起來吧。對香水有抗拒感的人，試著隨季節更換家中的室內香氛也是不錯的選擇。

以前，我每次出國時都會購買香水，總共收集了超過一百瓶不同氣味的香水。

旅行時，隨著走訪不同的地方使用不同的香水，在那個場所收穫的體驗和香氣，就會在記憶之中合而為一。

往後，當再次聞到那個香氣時，在那片土地上的記憶就會鮮明地復甦。冬天用迪奧的「Remember Me」，初春用卡文・克萊的「Eternity」等等。隨著季節的更迭，我也會跟著改變使用的香水。

雖然在開始學習茶道之後，使用香水的次數明顯減少，但是直到現在，我偶爾也會在自己的重要時刻，或是想讓記憶停留的那一瞬間，塗抹上特別的香水。

這是為了在那個珍貴的日子、那一段時光中，夾上名為香氣的書籤。

大自然的香氣，香水的香氣，街上滿溢著陣陣香氣。

擦肩而過的人身上散發著令人懷念的香氣，過往的珍貴回憶鮮明地浮現在腦海中。

從丹桂花散發的香氣中，勾起了小時候的記憶。

你說不定也會以此為契機，喚醒心中許許多多的情感。

即使是為了增加喚起記憶的機會，在對各種事物產生興趣的同時，就算是在無意識的情況下，也請透過不同的香氣，將從中收穫的經驗與知識好好地留存下來吧。

試著買下能使用二十年的物品

在第二章中，我介紹了整理居家環境的方法。

那麼在整理好之後，也試著在其中添加一些事物吧。

建議之一：試著買下能長久使用，而且是能持續使用二十年以上的物品。

只有拿出一大筆錢，決定要長久使用哪個物品並將它買下，才能不再只是顧慮到實用性和價格，而是開始去考慮「是否能長久愛著它」的問題，關注到與至今為止不一樣的部分。

那麼，究竟該如何選擇商品才好呢？

首先，不能選擇那種為了向他人展示自己很酷的東西，也就是那種為了虛張聲勢而挑選的東西。

試著選擇那些與自己的心靈相通，而且在使用它的時候，也會感覺自己的心靈跟著

溫暖起來、心態變得更積極向上的物品。

此外，當被某件物品吸引時，了解自己是基於什麼理由而支付金錢買下它也很重要。

現在這個時代，我們付的錢不僅僅是為了原料和生產成本。

舉例來說，我們在星巴克點咖啡的時候，比起咖啡本身，更是為了空間的使用權利而付錢。

如果是化妝品的話，雖然每個品牌不太一樣，但其商品的價格大多都是廣告宣傳費。

如果是名牌服飾或名牌包，我們就要在廣告宣傳費和流通成本上支付費用；如果是有歷史的品牌商品，我們就要在歷史和公信力上支付費用。

就像這樣，商品的定價一定是有原因的。

雖然我不認為名牌包或大企業的化粧品有什麼不好，但明白自己是為了什麼而付出金錢是很重要的。

之所以這麼說，是因為產品凝聚著經營者與創作者的理念。而理解其理念，也能夠吸收製作方的想法。

當我在購買想要好好珍惜使用的物品時，一定會選擇在原料與技術上投入成本的東西。

我有許多身為創作者或工匠的朋友，尤其是許多工匠的技術能力非常高，我也再次感覺到日本的產品製造是以技術做擔保的。

他們很多都是小企業或由家族經營，因此在廣告宣傳上所花費的成本並不會太高，但相應的，為了製作出好的東西，他們也會毫不吝嗇地將經費花在道具和學習技術上。

即使是相同的價格，如果一個是在廣告宣傳費投入成本，一個是在製造工程投資重金，那麼不用多說，後者的品質一定是壓倒性地優良。

那些技術的結晶，就是製造方在那項商品裡注入的心血，也是那項商品的信念。

此外，也試著把目光轉向製造過程吧。

我喜歡買一些像是在製作品質很扎實，或是在易用性上經過周密思考的商品。

更進一步來說，我也偏好那些著眼於超越一個品牌的影響範圍，在考慮到更廣闊的世界因素下所製成的商品。

由於以往工匠只能透過批發商等方式與商品的使用者聯繫，所以無法直接接觸到購買商品的顧客。

顧客也無法接收到商品或服務背後的技術、信念與理念等資訊。

但是最近靠著社群平台傳遞資訊的人越來越多了，所以我們可以直接與創作者聯繫、購入商品，或者聽聽他們在商品上投注了什麼樣的心思。

沒有什麼事情是比從創作者本人那裡聽到製作祕辛，還更令人感到有趣的事了。

在聽到創作的契機、過程中的甘苦談……各種幕後故事後，將會使顧客更加喜愛這項商品。

如果是能使用二十年的東西，價格也會相對提高，說不定就不是個能輕易買下的產品。

只有以長期珍惜著使用的意識來考慮是否買下它，才能對那些不同於平常的商品，以及它周邊或內部的故事，還有與其相關的一切產生好奇心。

此外，以這樣的觀點來選擇商品或服務，甚至也可能發現自己在人生中所追求的究竟是什麼。

如果遇見讓自己感到欣喜雀躍、想要好好珍惜的物品的話，應該也能從中萌生出「還想了解更多」的心情吧。

試著買下能使用一百年的物品

如果能開始購買可以使用超過二十年以上的物品，接下來請試著挑選能使用一百年以上的物品。

一百年，也就是超出自己可以活的歲數。

換言之，是指**為了下一代去挑選並購買物品**。

這樣想的時候，觀點恐怕會一下子產生轉變。

因為不只是為了自己而買的，所以那感覺會更像是暫時保管，而不是擁有這件物品。

總有一天要交給子女或孫子、孫女的物品，現在暫時保管，這樣的感覺。

例如，和服是可以跨越時代，持續傳承給下一代的。

只為了自己數十年間的愉快而購入高價的和服，是需要勇氣的事。

但一想到如果是為了子孫，跨越兩代甚至三代都能享受到的話，那對價格的看法是否就產生改變了呢？

除了和服，比方說著名的畫作，或者被稱為名物的茶碗等藝術品，也是能存放更長時間的物品。

如果你持有梵谷的作品，應該就能想像到，即使在自己去世後，這個作品也會持續保有它的價值吧。

透過去考慮那些希望能跨越世代傳承下去的東西，注意力甚至會轉向以往從未關心過的事物上，觀看世界的方式也會跟著產生改變。

從作品存在的時間長度來看，自己擁有它的時光就只是那麼一瞬間。

也就是說，你是為了讓此作品在後世與某人相遇，而暫時在這個時代保管這件作品的其中一人。

只要一想到這是保管品，說不定就會產生必須以良好的狀態，完善地留存到下一代才行的責任感。

不僅如此，應該也會覺得擁有它的此時此刻，是一段無可替代的珍貴時光吧。

我的父親也明白，從長遠的時間來看，自己所有的古董留在自己身邊的期間只是暫時的，總有一天也可能會交到其他人的手中。

出生在這樣的父母身邊、出生在世世代代都持續製作陶瓷器的家庭中，而且我的作品也以陶瓷器為材料進行創作，此外還在京都這樣的地方出生長大，這些都可能是我開始會以「拉長時間的跨距」來思考事情的要因之一。

請務必嘗試選擇一種能使用一百年，甚至能親手傳承給子女或孫輩的物品。

想必你的世界會隨之拓寬，此後也會開始學習如何愛護、珍惜、精心保存這些物品。

保持著這樣的意識，好奇心也會開始轉向那些超越時代的事物，與此同時，面對事物的方式，以及與其相處的方式，也都會逐漸發生變化。

試著對他人保持名為「愛情」的關心

當你結交到伴侶時，有沒有遇過因為對方的價值觀和感受與自己存在差異而感到驚訝的經驗呢？

畢竟都能成為情侶了，多少也會有些共同點吧。

但是，別人是別人。每個人有各自的興趣嗜好是理所當然的事，如果有一百個人，就會存在一百種不同的類型。

去愛他人、互相交流彼此的喜好，可以豐富自身對這個世界的感受方式。

儘管有著無法相互理解的鬱悶感，但這段相處也提供了重要的學習機會，是段非常棒的體驗。

在「保持好奇心」的習慣中，最後想傳達給各位的，是對他人保持名為「愛情」的關心。

關於結交伴侶，在現在這個時代，存在十分多樣的形式。

比方說，現在有越來越多情侶不再拘泥於法律上的婚姻，而是依照實際上的相處方式來建立關係的「事實婚」[1]。伴侶雙方都有工作、兩人之間沒有孩子的「頂客族」（DINK，Double Income No Kids），也在逐漸增加當中。

而且，社會型態也跟著開始發生變化。

和以往相比，越來越多新聞討論關於在婚後選擇使用各自姓氏的相關議題。

在以婚姻制度先進且靈活著稱的法國，有即使不完成法律上的結婚，也能在稅制上享受幾乎等同於婚姻關係的法律優待，也就是事實的婚制度正在普及。

另外，也有暫且同居這種更簡便的，沒有法律契約的事實婚，也就是「自由結合」（union libre）制度。因此，伴侶之間的關係可以有更多樣的選擇。

二〇二〇年，隨著新型冠狀病毒在世界蔓延，人們的生活也一下子發生了巨大的變化。應該也有很多人開始重新審視自己的生活方式，試著讓自己的每一天過得更加充實。

而且，可能也有不少人會開始意識到，和誰相處在一起這件事，究竟有多麼難能可貴了。

以結果來說，那些被常識和社會壓力所折磨，想著「差不多也到適婚期了，再不結婚的話不行」的人，應該也會萌生出「想要更輕鬆地與某人以伴侶的身分共享當下」的坦率心情。

在這個被稱為「人生一百年」的時代，我認為沒有必要把建立過一次交集的關係，勉強延續到一輩子的時間。

就像把要留給下一代的作品，在這一代暫時保管一樣，只要以互相保管的心情，將彼此的時間視為一段可以共享的時光來延續下去，不就可以了嗎？

與某人共度他人生的一段時光。對方也同樣與你共享人生的一段時光。

不是互相擁有彼此今後的人生，而是能互相珍惜彼此漫長人生中的片刻，能互相為對方帶來影響的關係。

1 譯註：沒有在法律上辦理結婚登記，但事實上維持著婚姻狀態的關係。

如果那個瞬間被層層累積，成為一同走到生命盡頭的關係，便是一段美麗的故事，但如果被「直到永遠」這句話所束縛，那就不是「愛」了。

試著不去執著在結婚或交往這樣的形式上面，思考一下還有這些自由且多樣的關係，讓情緒放鬆下來，並培養一下「愛著他人」的心情吧。

老實說，人就算沒有伴侶，恐怕也是能活下去的。

只有一個人的話，無論是在時間上還是精神上，也都會變得更加自由。

不過，即便如此，如果能在這段人生中與誰共度、一同建立生活的話，也可以接觸到和自己不同的人在行為及情緒上的各種變化。

接受自己內心因為接納別人而產生的波動，調整好心情，並決定與對方相處的方法。

如此一來，能拓寬自己的思考方式，通往新世界的大門就此敞開。

還有比這更好的學習嗎？

透過與伴侶相處而邂逅不同的價值觀，一定會影響你的感受性。

隨著內心受到影響，能接受多樣性事物的基礎在自己的心中被逐漸培養起來，想必你也能開始以更深的愛意來看待這個世界。

第5章

培養感受力之下決定的習慣

擁有感受力的人，能相信自己的選擇，並以此做出判斷。
因此，即使在沒有正確答案的事情上，也能產生自己的見解。
這，就是下決定的六種習慣。

試著把選擇的理由說出來

「做決定」這個行為，有點類似健身。

透過每天對肌肉施加一些小小的負荷，然後持續增加這些負荷，肌肉量也會隨之增加，變得能承受更大的負荷。

決斷力也是一樣，並不是每個人都能在一開始就做出賭上人生般的重大決斷。

就和肌肉一樣，那需要透過累積「以直覺來決定許多小事」的經驗來培養而成。

接下來，我要介紹可以反覆累積這些直覺的小小決斷，而且在玩耍的同時也能訓練決斷力的遊戲。

當我還是小學生的時候，和朋友之間流行過一種遊戲。

我們稱為「預備～碰！」遊戲。

這個遊戲的玩法，是和朋友一起翻閱時尚雜誌，一邊說著「預備～」，一邊翻頁，如果在刊載的內容中，看到讓自己覺得「我喜歡這個！」的服裝搭配，就指著那裡喊聲「碰！」。

誰先碰到誰就獲勝，但如果各自選到不同的服裝搭配，就要分別用一句話說明選擇的理由，再接著進行下去，這也是遊戲規則之一。

彼此競爭誰的決定速度更快，如果選到不一樣的，就和對方分享自己選擇它的理由。

這雖然只是微不足道的小遊戲，但這個經驗也讓我培養了即使是小事也要有意識地做決定的能力。

擁有感受力的人，做決定的速度很快，對自己的判斷基準是有自覺性的。

這難道不是因為這樣的人有著**即使是細微的小事，也會基於某些理由而做決定的習慣**嗎？

雖然剛才提到的遊戲，只是一個小小的例子，但人生的大小事同樣是由重重的選擇堆疊而來的。

要穿什麼樣的衣服、要穿什麼樣的鞋子、要吃什麼食物等等，日常生活中充滿了許多選擇。

因此，無論在日常生活中面臨什麼樣的場合，應該都能練習以明確的理由來進行選擇。

因為有人這樣做、因為現在正在流行、沒什麼特別的原因……

希望大家別再以這些理由來做決定，而是去**培養對自己選擇的理由有所自覺的習慣**。

如此一來，無論現在的自己需要什麼、該選擇什麼、該與誰保持往來，即使站在並非只有一種答案的歧路上，也能夠好好地做出選擇、好好地下決定。

從今天開始，要不要試著進行做決定的鍛鍊呢？

試著不設定目的地來行走

所謂人生，就是設定目標，然後為了實現那個夢想而持續每天活動著。

但是，朝著預先設定好的目標，全神貫注地朝著那個方向前進，究竟是否為通往夢想的最佳捷徑呢？

如果這是正確答案，那人生中應該就不需要偶然的相遇和出乎意料的發現了吧。

即使在散步時，也可以進行做決定的鍛鍊。

要不要試著不設定目的地，**並順從當下的感覺來決定前行的路線**呢？

我的命運之門，總是在意想不到的情況下或突然的邂逅中被開啟。

例如，在二十多歲時，我曾經歷過一段不可思議的體驗。

那是我到訪沖繩一座名為久高島的島嶼時所發生的事情。

在沖繩，流傳著「龍宮傳說」，那裡被視為烏托邦，也是所有神明的故鄉。因為我曾聽聞久高島就是這個「龍宮」的所在，所以一直對這裡感到很好奇。

而且在同一時期，我還得知一種在久高島流傳已久，但現在已經中斷舉行的「izaiho」（イザイホー）祭祀活動。據說這個祭祀活動還保留日本傳統祭祀儀式的原型，對此更加感興趣的我，便前去造訪久高島。

久高島位於沖繩本島的東側，可以乘坐渡輪前往。

我剛抵達的時候，島上正好在舉行祭祀儀式，幾位祝女（琉球的傳統信仰「琉球神道」的女祭司）和島民皆聚集在廣場上。

這個祭祀活動是一般人也能參觀的，最後在音樂響起時，主辦單位還讓我們一起跳了名為「kachashi」（カチャーシー）的沖繩傳統舞蹈。

即使是這樣好客的久高島，還是會有幾個禁止外人進入的祭祀場地，而且能享受海水浴的海域也只有一個地方而已，除此之外的海岸被視為聖地，禁止下海游泳。

這座島本身就是一處聖地，如果不抱持著「上島打擾了」的虛心態度前往拜訪的話，可能就無緣發現這座島的特別之處了。

在充分知悉這些禁止進入的場域後，我在島上散步時，就像忽然被引誘著一樣，發現了一條小徑。

「這裡正在引誘我。」

順著這樣的直覺，沿著這條小徑走下去之後，我在那裡看到台階，下了台階之後，還有一個大大的洞窟。在那洞窟的深處，有個通往大海的小出口，從那個出口照射進來的光線，將這座洞窟內部映照得璀璨絢麗。

雖然內心感覺有些害怕，我還是提起勇氣邁出步伐，試著從那個小小的出口走向海域。於是，我發現那裡綿延著一條蜿蜒曲折的S型海岸線。

沿著那條海岸線走，我在不知不覺間，開始看見那些以往沒見過的貝殼和珊瑚被海水沖上岸。我來到了一片美麗的海岸。

因為實在太美了，我甚至都忘了要拍照。但時至今日，那些景色依然美好地留存在我的心中。

如果已經決定好目的地，並照著原定計畫走的話，就不會注意到那條小徑了吧。

當出現意料之外的選擇時，試著相信自己的感覺走下去，有時候也可能會邂逅意想不到的風景。

雖然你可能會認為自己對居住的街道已經瞭若指掌了，但請試著不要設下任何目的地，走一次以直覺來決定方向的道路吧。

說不定，你就會遇見那片完美的晚霞、漂亮的小石頭，以及他人度過的美好生活，也可能會有偶然的邂逅或新發現。

像這樣的決定和遭遇，能夠提升你的感受力。

對忙碌的現代人來說，這也是既奢侈又非日常的事情。

試著克服自卑感

當你習慣做出小小的決定時，內心就會逐漸形成核心價值觀。它就像是一個當你在進行判斷或決定時，可以當作基準的事物。

透過反覆累積這些以自己的核心價值觀為基準而下的決定，這個核心價值觀就會擁有更清晰的輪廓，最終成為你的自信。

但是，**即使想要以自己的核心價值觀為基準來下決定，也存在著會讓人在無意中縮小選擇範圍的因素。那個因素就是自卑感。**

你有自卑感嗎？

無論是無法順利做好的事情，還是以前挑戰過卻失敗的事情等等，有沒有一些狀況，是你時至今日依然想要稍稍迴避的事情呢？

如果**因為這種自卑感而縮小選擇範圍，就無法根據自己真正的想法做出決定。**

為此，請克服那些可能會縮小自我可能性的自卑感，並試著培養能從眾多的選項中進行挑選的習慣吧。

讓我感到自卑的事情之一，是我不擅長剖魚。不過，以新冠肺炎疫情時期，自主待在家中的生活為契機，我也在這段時期，透過練習而學會如何剖魚了。

知道如何剖魚後，看待世界的方式就突然發生了變化。之所以這麼說，是因為在那之後，我就開始擁有「以一整條為單位來購買魚」的選項了。

以一條魚為單位來購買，就可以把魚肉做成生魚片，或是拿去油炸，也可以把魚頭和魚骨肉做成燉菜等等，可以在好幾個選項中決定當天要做什麼樣的料理。自然而然的，餐點的菜色也會增加。

除此之外，還會開始在意起菜刀的種類和保養方法。

說不定，有一天我也會開始走進菜刀專賣店，或是去挑選磨刀石在家中磨刀。

一下子就拓寬了我能選擇的範圍。

另外，雖然我也有非常不擅長長跑的自卑感，但在二〇一二年的京都馬拉松跑完全程馬拉松後，我就克服這種自卑感了。

於是，我的日常生活又發生了一些變化。

那就是，當為了工作或家人的事情感到煩惱時，我可以不用困在當下，選擇出門跑步。

如果一直背負著自卑感，那接下來也就只能持續當個得在有限的選項中做決定的人。例如，要吃魚料理時，只能在超市的熟食中選擇，或者感到煩惱時，只能依賴酒精和娛樂等等。

雖然這是理所當然的，但我還是要再強調一次，你之所以能夠去做決定，是因為有選項可選的關係。

如果迴避自己不擅長的選項，只是以一如既往的方式，或者按照別人所說的去做，那就不能稱之為「決定」，也無法提升自己的決斷力。

你一直在逃避的事情，究竟是什麼呢？

如果能克服自卑感，就能夠增加選項。

透過保持從多個選項中做出選擇的意識，作為下判斷的依據的感受力也會變得更加牢固。

要不要趁著這個時機，嘗試一些新的挑戰呢？

試著寫NOT TO DO LIST

剛才向大家傳達了增加選項的重要性。

但有時候，選項太多也會成為煩惱的根源。

我認為，**如果遇到難以抉擇的狀況時，在決定要做的事情之前，最好先決定不要做的事情**。

我想，應該有很多人都會製作「TO DO LIST」，待辦事項清單，以此整理每天的待辦事項。但相反的，也請試著製作「NOT TO DO LIST」，不要做清單。

記錄人生中想做的事情和期望的事情的清單，被稱為「願望清單」。而我在製作這個清單之前，一直都會先製作「NOT TO DO LIST」。

這份不要做事項的清單，換言之，就是想從自己的人生中消除的事項清單。

舉例來說，就像是把洗好的衣物晾乾，或是為戀愛而苦惱之類的事情。

請你試著寫下那些總是忍不住因義務感而做的「雖然不想做，但是又不能不做的事情」，或者「總有一天想放手，但現在還必須繼續做下去的事情」吧。

實際上，「決定不做的事情」比「決定要做的事情」來得更加重要。

這是因為，如果反覆做出受到他人價值觀，或基於義務感的影響而下的決定，自己的核心價值觀就會在不知不覺中變得越來越模糊。

寫下這份「不要做清單」後，你應該會發現，那些原本自己認為想做的事情，其實只是因為義務感而產生出「必須做」的想法。

越是認真勤奮的人，往往越容易被「HAVE TO DO」（必須做）填滿生活，所以人生才會在不知不覺中逐漸流逝。

不僅沒有朝著實現自己夢想的方向前進，甚至還會漸漸以為那些事情是「自己所期望的事情」，導致決斷的準確度出現失常。

試著盤點一次自己的欲望，便能察覺自己內心真正的想法。

也就是說，能夠整理出自己真正想做的事情，並區別出「WANT TO DO」（想做）和「HAVE TO DO」（必須做）的不同。

接著，定下「NOT TO DO LIST」，把它寫在紙上後，再重新寫下願望清單。
這麼做的話，應該就有辦法只用「人生中真正想珍惜的東西」來填滿願望清單了。
以我自己的願望清單來說，當中列了在英國的維多利亞與亞伯特博物館舉行展覽會、在紐約建立據點、養狗、練腹肌等大大小小的願望。
那裡面完全沒有寫到我不能不做的工作。

願望清單是屬於你的聖域。

讓我們自由地寫下那些只要看著就會讓自己感到雀躍的夢想吧。

這份「NOT TO DO LIST」，對找不到想做的事情的人來說也很有效果。
原因是，當你將欲望斷捨離、頭腦變得更有餘裕後，就會開始有餘力去思考「WANT TO DO」。
即使無法馬上就想出來，在書寫的過程中，一定也會發現隱藏在自己內心的小小願望才對。

請你也要好好重視這個願望，並以此為基準做出今後的選擇與決斷。

根據他人的意見、社會的輿論、制度、義務等外部因素而促成的選擇，和順從自己的感受力而得出的選擇，兩者的結果是完全相反的。

透過掌握總是有自覺地決定自己「想做的事」和「不想做的事」的習慣，你的核心價值觀和感受力也會跟著培養起來。

試著寫自己的「百年史」

雖然前面向各位傳達了建立「NOT TO DO LIST」和「願望清單」的習慣，但說到底，也只是將現在這個時間點的願望統整起來的清單而已。

那麼，在時間跨度長遠的人生中又該怎麼看呢？

現在這個時代，已經開始被稱為「人生一百年」的時代了。

從織田信長吟誦著「人生五十年」的時代至今，人的壽命已經大約翻了一倍。

雖然現在沒有像戰國時代那樣的波瀾，但是在生活中還是有許多令人感到不安的時刻。即使擁有一億日圓，一定也會對未來感到不安。對生活的不安感，從以前到現在都沒有任何改變，這就是世間之常情。

所謂人生在世，既會遇到快樂的事，也會遇到麻煩的事。

生活在這樣的世界上，你是不是也在不知不覺間，忍不住做出以「不安感」和「現

實考量」為前提的決定呢？

或許，能活一百年是件會讓人感到不安的事，但反過來說，這也代表了這段人生當中有許多時間能讓我們做自己想做的事情。

所以，請試著將內心的感覺和願望寫下來吧。

為了制定更多關於積極的未來的計畫，請試著寫下結合了過去、現在、未來的「我的一百年史」。

我從幾年前開始，就在世界文庫學會，也就是開創「未來新工作方法」的學會中，舉辦了「製作自己的一百年史」研討會。

這個研討會每年有四個小組，每個小組二十五人。因為舉辦了三年，所以我合計已經聽到共三百位參加者的個人一百年史。

研討會的參加者不分男女老少，年齡層從二十多歲至六十多歲不等，所以有些人年表上過去的時間比未來更長也是理所當然的事。

不過，無論是哪一位的一百年史，都充滿了可能性。

研討會的內容很單純。

就是製作從出生開始到一百歲為止的年表，並向與會者分享。

年表的製作方式十分自由，所以有些人添加了藝術性的色彩與裝飾，也有些人做成立體樣式，或是用簡單的條列式概括書寫……大家的表現方式有形形色色的差異。

不過，我設定了兩個一定要遵守的規則。

那就是，**要說豪言壯語，以及盡量寫得詳細一點**。

所謂「要說豪言壯語」，是指盡可能描繪壯闊的未來。

雖然乍聽之下並不困難，但越是在長大成人、開始肩負責任之後，就會越來越難做到。

因為有小孩了、因為沒辦法辭職、因為還有家裡的房貸要付……

這些做不到的理由，要列舉起來就會沒完沒了，這樣的現實，便會讓我們不由得把願望鎖在內心深處。

就像這樣，一旦在現實的延長線上考慮未來，就會在中途停下筆來。

100

為此，請你先在年表上標示一百歲的地方，大方寫下雖然你還不知道究竟能不能做到，但無論如何現在都最想實現的夢想和目標吧。

接著再從那裡開始，填補它與現在之間的差距。

為了朝著那個目標邁進，必要的條件是什麼呢？將具體的步驟寫下來。

不是反覆累積現在能做的事情來描繪未來，而是透過思考「自己想做什麼」來描繪未來的方式，釋放那些被現實壓抑的感受力。

另外，「盡量寫得詳細一點」也是很重要的關鍵。

有時候，具有卓越感受力的藝術家在表現抽象的概念時，也會實際動手建構具體的元素，以將這種抽象的概念轉化為現實。

也就是說，他們具有往返於「具體」和「抽象」之間的思考方式。

那是好不容易誇下海口的目標。如果一直保持在抽象的狀態，就無法掌握將它實現的頭緒，也不會在通往下一步的階段上讓思考發揮作用。

正因為具體寫下目標，才能轉換成為了朝著達成目標的方向前進，而湧現出積極想法的思考模式。

被公認是有創意的人，偶爾也會提出異想天開，讓周圍的人感到困惑的點子，也會提出讓人認為「從現實上來看是不可能的吧」的想法。

但是，如果排除各種條件來考慮的話，那個點子可能出乎意料是最好的。

在創作者的世界裡，這被稱為「創意跳躍」。

某種程度上來說，在現有的經驗累積和條件制約下，能實現的點子也是有辦法預料的。

具有卓越感受力的創作者，可以跨越所有的現實與限制，尋覓到最好的點子。

描繪一個人的一百年史，無疑也是在進行人生的創意跳躍。

無論現在的年齡是幾歲，我都希望能試著以自由的思維來決定將來的夢想。

當然，並不是每個人的目標都一定只是地位和名聲。

只要想起來就會忍不住笑意的事、即使不用別人告訴自己也能一直堅持下去的愛好、想和某個人見面、想要出書……無論是什麼都很棒吧。

盡情擴展想像的範圍，培養能夠在超越現實的自由世界中做出決定的思考習慣吧。

如此一來，也許就能到達那個過去所無法想像的，充滿驚喜的未來。

決定未來的，既不是過去也不是現在，而是自己。

請以描繪一百年史為契機，釋放自己的感受力，以無限的可能性去創造未來。

試著保持參與社會的意識

在第五章中，我向各位傳達了做決定時的必備心態。

最後一項，我要介紹的是決定生活的方式。

有個詞叫做「Engagement」。

這是在二十世紀時，法國哲學家沙特（Jean-Paul Sartre）所提倡的法語用詞，意思是「參加」或「拘束」。

在日語中，也翻譯成「社會參與」等等，但總歸來說就是過著承擔責任，自主選擇和行動的生活。

這裡說的承擔責任，意謂人不只要對自己負責，也要對社會負責。

這不是像自己的前途或結婚那樣，僅關乎個人的決定。

從購物到在社群平台上的發言為止，在日常生活的所有行動中，皆以俯瞰的視角來觀察自己的立場，並意識到「那些選擇和決定全都（可能）會對社會帶來影響」的責任感，以此做為行動的前提。

性別的問題、貧困、階級差距、宗教問題……

社會上存在許許多多的問題。

也許很多人都會把這些問題當成存在於自身之外的現實，將它們視為自己能力不及，或是反正會有其他人去解決的事情。

我非常理解人們會產生「就算自己高聲吶喊，也沒辦法傳達給他人」，或是「比起關心其他人，首先更想珍視自己及身邊親近的人」這類意見。

不過，所有的現象都是相連的。

所有的結果都有其原因，你的些微舉措，也可能成為某個結果的部分原因。

舉例來說，選舉是民主的基本。

在投票率一直都很低的日本，應該也有很多人會認為，只憑自己一人是無法改變國家和政治的。但實際上，是每一位國民決定哪個人選可以成為政治家。至今為止，我未曾錯過投票機會。

除此之外，對婚姻制度感到疑慮而選擇「事實婚」的人，其選擇與決定，就是在對這個世界表明自己的主張。

身為藝術家，我也一直認為，除了作品，就連生活方式，都是我向社會傳達我的主張的方法。

舉例來說，我在幾年前成為一名單親媽媽。

我開始看到另外一個世界。所以現在我才有辦法站在單親媽媽的立場，向社會傳達單親家庭的生活方式存在哪些問題。

另外，我認為養育孩子也是社會參與中最重要的一環，我的心態是，我只是在暫時照顧一個總有一天要回歸社會的人。

在這個人人皆可透過社群平台自由傳達訊息的時代，有時候無名小卒的「行動」或「一句話」，也可能會像知名人物所說的話一般擴散開來，並產生某種影響。自己說出的話語，不只能向世界傳達自己的觀點，也可能會傷害到某些人，或者拯救某些人。

世界上所發生的現象，一直都和自己有關，而你也正和這個世界發生連結。

請對自己所有的選擇和行動負責，徹底進行思考，並以此做出決定吧。

總而言之，就是不要被社會的評價所左右，而不加思索地選擇工作，或者因為社會帶給自己的壓力便決定步入婚姻，而是要以「人生的當事者」的身分，仔細思考並做出選擇。

把社會問題當作自己的事情，並對每一個選擇負責，並不是一件容易的事。

但是，如果能在不屈服於社會壓力的情況下，為自己的決定負責，並採取行動，那麼你的內心將變得更加堅定，建立穩固的核心價值觀。

根據你的倫理觀念與處世哲學所展開的一切行動，一定會成為一種強大的說服力，並藉此向周圍的人傳達你的生活主張。

於是，從周圍的人看來，就會對你留下「你是個富有感受力的人」的印象。同時也會鼓勵你繼續朝明亮的方向前進。

自己思考、自己行動。然後，自主地生活下去。

除此之外，沒有比這些更能提升感受力的方法了。

結語

人生，是一場培養感受力的旅程

執筆寫下這本書的時候，我重新正視了「感受力」這個詞。

「感受力」是個極難掌握的抽象詞彙。

我一邊想著該用什麼具體的方法來構思，一邊拼湊著字句，這段時間也成了讓我再次思考「何謂感受力」的重要時刻。

最後，有件我無論如何都希望讀者能思考一下的事情。

那就是：將如何運用你培養的感受力來過生活？

本書整理出來的習慣，是可以從今天開始立即輕鬆實踐的方法。

但在「知道」和「開始行動」之間，仍存在一段很大的距離。

而且，即使逐一實踐這些習慣，人生可能也不會馬上發生改變。

因為這本書並不只是為了培養表面上的感受力、追求新潮而寫成的攻略。

感受力是生活方式的一部分。

相信自己、愛著他人，為了持續在人生中做出自己的選擇而奠定的根基，就是感受力。

在這個世界上，究竟充滿多少你好像有在看，但其實沒看見的事物呢？

雖然想要做，卻沒有付諸行動的事情；看起來像是自己在做選擇，但其實是讓人幫自己做選擇的事情……像這樣的情況，到底有多少呢？

要決定沒有答案的事情，會伴隨著極大的覺悟和責任感。

無論是誰，都無法一開始就看到事情的最終樣貌。因為不管是人的想法，還是時代趨勢，必定都會發生變化。

像是「絕對如何、如何」這類事情，是不可能存在的。

但是，即使結果不如預期，你憑藉當時的感受力做出的決定和行動，也一定會在你未來的人生中成為重要的自信來源。

因為是自己下的決定，所以就算失敗了，也要以此經驗為養分，使其轉化為有益處的事物。

保持著「如果出錯的話，就得確保不再出錯才行」的心態，創造未來。

我認為，這才是適當的經驗值，也是給自己的自信心。

我偶然出生在京都這個歷史悠久之地，一個世世代代持續製作陶藝、能夠追溯血統的家庭中。

我還從事著使用陶瓷器這種在數萬載的時間長河裡，一直存在於地球上的素材來進行創作的工作。

正因為如此，我才有辦法想像從自己出生前，到自己死亡後為止的事情。

未來被稱為「人生一百年」的時代。

正因為人活得長壽，所以能選擇的項目也會比以往多更多。

但是，與生命的長度相反，時代的變遷正在急速地發展當中。

我認為，提升感受力、擁有敏銳地做出決定的能力，是往後不可或缺的技能。

一起生活的人、一起工作的人；能帶到未來的人生中，或是無法帶去的事物。冷靜果斷地做出取捨，同時在生命的時間長河中，懷抱著愛來看待這個世界。這種看似截然相反的行動，也許正是為了豐富你當下的生活，並且讓你的人生變得更有深度與樂趣。

如前所述，培養感受力並不是一件容易的事。這本書中所寫的習慣，指的是每天累積的基本功。而培養感受力的旅程，直到生命的盡頭才會結束。

如果這本書的建議，能慢慢改變大家的日常習慣，讓具有豐沛感受力的人們所編織的世界，變得更加幸福的話，我也會由衷地感到高興。

而我，現在也還持續走在培養感受力的旅途上。

Habits to
Cultivate
Your Taste

培養感受力
打造自我風格的日常練習
感性のある人が習慣にしていること

作　　者　SHOWKO
譯　　者　陳綠文
副 社 長　陳瀅如
責任編輯　翁淑靜
特約編輯　沈如瑩
封面設計　黃千芮
內頁排版　洪素貞
行銷企劃　陳雅雯、張詠晶

出　　版　木馬文化事業股份有限公司
發　　行　遠足文化事業股份有限公司（讀書共和國出版集團）
　　　　　231新北市新店區民權路108-4號8樓
電　　話　（02）22181417
傳　　真　（02）22180727
電子信箱　service@bookrep.com.tw
郵撥帳號　19588272木馬文化事業股份有限公司
客服專線　0800-221-029
法律顧問　華洋法律事務所 蘇文生律師
印　　刷　呈靖彩藝有限公司
初　　版　2023年12月
初版3刷　2024年5月

定　　價　380元
I S B N　978-626-314-527-6（紙本）
　　　　　978-626-314-529-0（EPUB）
　　　　　978-626-314-530-6（PDF）

培養感受力 : 打造自我風格的日常練習 / SHOWKO 著 ; 陳綠文譯 . -- 初版 . -- 新北市 : 木馬文化事業股份有限公司出版 : 遠足文化事業股份有限公司發行 , 2023.12

面； 公分

譯自 : 感性のある人が習慣にしていること

ISBN 978-626-314-527-6(平裝)

1.CST: 修身 2.CST: 生活指導

192.1　　112016593